comment embobiner votre enfant

Quirk Books
215 Church Street
Philadelphia, PA 19106
www.quirkbooks.com

Traduit de l'anglais par Sylvie Del Cotto

Mise en page : emigreen.com

La cession des droits de ce livre a été négocié par l'intermédiaire de l'agence littéraire Sea of Stories.
www.seaofstories.com

sidonie@seaofstories.com

David Borgenicht
James Grace

comment embobiner votre enfant

PETITES RUSES POUR FACILITER
LES REPAS, LE COUCHER, LE BAIN
ET TOUS LES MOMENTS DE LA JOURNÉE

MARABOUT

Table des matières

RUSES POUR LA TOILETTE ET LES SOINS

Pour que votre enfant se laisse brosser les cheveux 10
Pour que votre enfant se brosse les dents 14
Pour que votre enfant se débarbouille 18
Pour que votre enfant se fasse couper les cheveux 22
Pour que votre enfant prenne son médicament 26

RUSES POUR SE PREPARER LE MATIN

Pour que votre enfant s'habille 32
Pour que votre enfant n'enlève pas ses vêtements 36
Pour que votre enfant se mette en route 40
Pour que votre enfant aille chez le docteur ou chez le dentiste 44
Pour que votre enfant aille à l'école 48
Pour que votre enfant mette de la crème solaire 52

RUSES POUR QU'IL CHANGE DE COMPORTEMENT

Pour que votre enfant fasse la connaissance d'un inconnu 58
Pour que votre enfant vous laisse partir 62
Pour que votre enfant accepte de passer la nuit dans la famille ou chez des amis . 66
Pour que votre enfant reste assis tranquillement 70
Pour que votre enfant tienne le coup en avion 72
Pour que votre enfant parle calmement 76
Pour que votre enfant arrête de pleurer 80

Pour que votre enfant arrête de pleurnicher 84
Pour que votre enfant arrête de faire des colères 88
Pour que votre enfant repose un objet 92

RUSES POUR LES P'TITS TRUCS DU QUOTIDIEN

Pour que votre enfant partage 98
Pour que vos enfants cessent de se chamailler 102
Pour que votre enfant participe aux tâches ménagères 106
Pour que votre enfant range 112
Pour que votre enfant éteigne la télé 116
Pour que votre enfant joue seul 120

RUSES POUR LES REPAS ET LE COUCHER

Pour que votre enfant mange 126
Pour que votre enfant prenne son bain 134
Pour que votre enfant se lave les cheveux 138
Pour que votre enfant aille au lit 142

ANNEXES 150

À PROPOS DES AUTEURS 159

Introduction

Ce livre est LE livre que votre enfant ne veut pas que vous lisiez !

Car ce livre va vous donner les compétences, les connaissances pratiques et l'habileté nécessaire pour battre vos enfants au seul jeu qu'ils maîtrisent : être un enfant. Ils sont sans aucun doute plus petits que vous et, en théorie, moins malins. Vous êtes sans en douter l'adulte et, pour cette raison, ce que vous dites devrait être sans appel.

Mais dans le monde réel, comme tous les parents vous le diront, ce n'est pas comme ça que ça marche. Ce n'est pas ainsi que fonctionnent les enfants, principalement parce qu'ils ne connaissent pas les règles de votre jeu ou parce qu'ils pensent être ceux qui font les règles.

Pour les jeunes enfants, chaque jour est un combat entre tout faire pour réussir à contrôler sa vie tout en désirant rester votre « bébé ». Ils sont à peine nés que déjà ils ne sont plus vos petits – ce qui est totalement déroutant mais compréhensible. Après tout, en tant que tout-petits, ils n'avaient qu'à pleurer pour vous voir accourir. Pourquoi cette approche ne devrait-elle plus marcher, même s'ils ont acquis la capacité à parler et, en théorie, celles de l'empathie et de la raison ? Pourquoi ne pourraient-ils pas passer la journée tout nus ? Pourquoi ne pourraient-ils pas avoir de la glace pour le dîner ? Les enfants ne savent pas qu'on doit s'habiller avant de sortir, ni que les sucreries ne sont pas un aliment essentiel à la santé. Ils ne savent pas qu'on doit payer tout ce qu'on veut prendre au magasin pour le rapporter à la maison, ni que la colère n'est pas le premier outil de négociation de tous les grands avocats. Les enfants ne se rendent pas compte que se laver les cheveux n'est pas à proprement parler une torture ancienne, que se couper les ongles ne fait pas mal, ni que la « voix intérieure » existe.

C'est là que vous entrez en scène. Vous devez les éduquer, d'une manière ou d'une autre. Cette éducation peut prendre de multiples formes. Parfois, il suffit de poser le travail préparatoire, de leur donner le bénéfice du doute, de les traiter comme des êtres responsables et doués d'intelligence. Leur apprendre pourquoi certaines choses doivent se dérouler ainsi et pas autrement.

D'autres fois, il faut se montrer plus astucieux, essentiellement pour tricher, embobiner ou rediriger votre enfant de façon à ce qu'il s'aligne sur vos principes. Ce livre va vous fournir les outils dont vous aurez besoin pour y parvenir.

Les connaissances exposées dans ce livre regroupent les informations qui vous permettront d'amener votre enfant à se comporter exactement comme vous le voulez, tout le temps, partout. Vous apprendrez des techniques classiques pour « embobiner en deux mots » (lui donner le choix afin qu'il ait l'impression de contrôler la situation alors qu'en réalité c'est vous qui tirez les ficelles) et pour transformer des activités redoutées en moments amusants. Vous maîtriserez l'art de la tromperie et augmenterez votre éventail d'astuces, consacrées par l'usage, à utiliser pour que vos enfants abondent dans votre sens en toute innocence.

Pour composer ce livre, nous avons non seulement pioché dans la vaste panoplie d'armes que nous employons sur nos propres enfants depuis des années mais nous avons également observé des dizaines de parents et, parfois, de docteurs dans le but de vous offrir un guide compréhensible contenant les meilleures ruses que l'on puisse proposer aux parents aujourd'hui. Ces techniques ont été testées et consacrées par le temps. Pour chaque situation, nous proposons un nombre d'options afin que vous puissiez choisir la combine qui vous convient le mieux en fonction du moment, du besoin et de votre enfant.

Utilisez ce livre avec sagesse. Gardez-le à l'abri et hors de portée des petites mains. Passez-le à d'autres parents quand votre enfant aura enfin acquis la capacité à raisonner et qu'il aura appris à faire ce qu'il faut sans votre aide (ou, encore mieux, offrez à vos amis leur propre exemplaire). Nous, parents, devons ressortir victorieux de cette lutte de tous les temps !

C'est nous ou c'est eux…

David et James

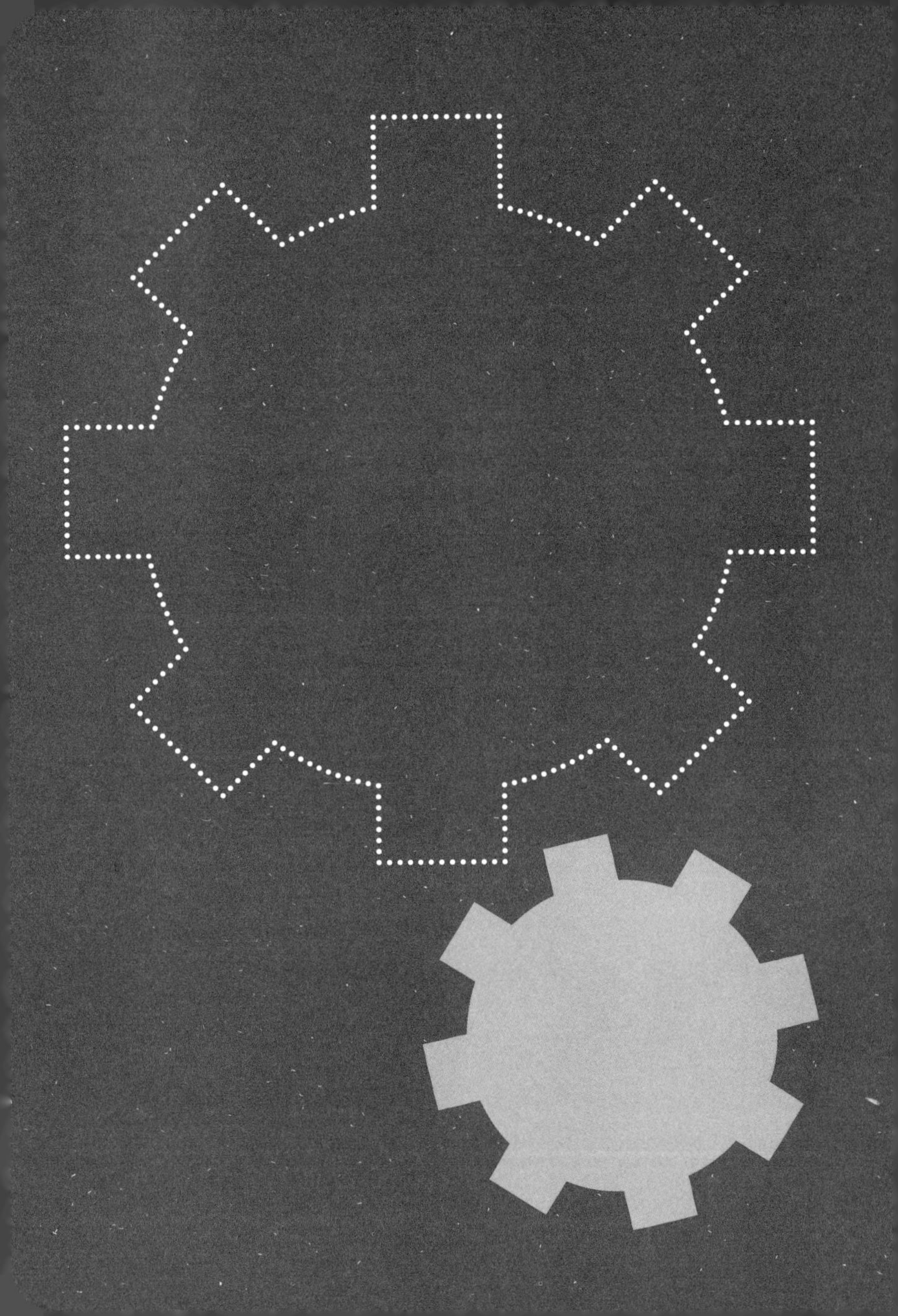

RUSES POUR…
La toilette et les soins

Pour que votre enfant se laisse coiffer

Ne dit-on pas qu'il faut se donner cent coups de brosse avant d'aller au lit ? Oui, bon… la plupart des parents seraient heureux d'en obtenir dix avant le départ pour l'école. Si le look « coiffé comme au saut du lit » est répandu parmi les adolescents, peut-il convenir à un enfant de trois ans ?

Le travail préparatoire

- Faites vite ! Si votre enfant a vraiment du mal avec la brosse à cheveux, ne vous attardez pas ! Plus c'est court, plus c'est simple !

- Lavez-lui les cheveux un soir sur deux, en employant un shampooing et un après-shampooing pour enfants. Pour minimiser les perturbations pendant le processus, appliquez le shampooing, puis l'après shampooing dans la foulée, et ne rincez qu'une seule fois. L'épisode devrait être ainsi moins pénible.

- Si votre enfant a les cheveux bouclés, lavez-les deux ou trois fois par semaine seulement.

- Utilisez un spray qui facilite le démêlage et empêche la formation de nœuds.

- Ayez recours à l'avis d'un expert : demandez à votre coiffeur quel type de brosse est le mieux adapté aux cheveux de votre enfant

ASTUCES

- Peignez ou brossez ses cheveux pendant qu'il est sous la douche ou dans le bain. N'attendez pas plus tard, un moment où la bataille redoublerait d'intensité.

- Commencez par les pointes (là où se trouvent les nœuds) pour remonter vers la racine. Cela diminuera les désagréments. Tenez la mèche de cheveux au-dessus du nœud de façon à ne pas tirer sur le cuir chevelu.

- Pour les petites filles qui aiment avoir des rubans ou des barrettes dans les cheveux, faites de ces accessoires une récompense. Dites à votre fille qu'elle va ressembler à une princesse, à son personnage préféré ou à une amie qui porte toujours des barrettes.

- Brossez les cheveux de votre enfant pendant qu'il regarde la télévision ou qu'il se trouve devant l'ordinateur ou, encore mieux, pendant que votre conjoint lui lit une histoire. Les enfants se plaignent moins quand ils sont occupés.

Embobiner en deux mots

→ « Veux-tu regarder la télé ou une vidéo pendant que je te brosse les cheveux ? »

→ « Préfères-tu que je te brosse les cheveux quand ils sont secs ou que je commence par les mouiller avec un spray ? »

→ « Veux-tu te brosser les cheveux tout seul ou préfères-tu que je le fasse ? »

Oh ! les beaux cheveux...

Sur l'air de « Une chanson douce »

Oh ! les beaux cheveux que me brosse ma maman,
Sans jamais faire mal, elle me coiffe doucement
Oh ! les belles boucles sur ma tête de poupée
Sans bouger d'un pouce je laisse faire ses douces mains
Les vilains nœuds sont cachés dessous
Sans jamais faire mal maman va aller les chercher
Ouh, ouh, ouh, ouh !
Les mèches rebelles vont s'allonger
Et dans ma tresse vont rester
Àtout jamais
Oh les beaux cheveux que me brosse ma maman
Me voilà toute jolie grâce à ma tendre maman
Je suis restée sage, la brosse et le peigne aussi
Je suis restée sage, la brosse et le peigne aussi…

Les jeux des parents

À la recherche de la sorcière Emmêlax

Imaginez que vous traquez une vilaine sorcière peu commode qui s'appelle « Emmêlax » et qui vit quelque part dans les cheveux de votre enfant. Trouvez-la et chassez-la (en brossant les cheveux de votre enfant pendant ce temps), puis dites à votre enfant qu'elle s'est échappée et passez à une autre mèche qui a besoin d'être brossée. Votre enfant rit et les cheveux sont démêlés. (Cette méthode fonctionne avec n'importe quelle créature à traquer. Vous pouvez essayer avec les souris, les lapins, et ainsi de suite.)

RUSE N° 1

Quand les enfants font de la résistance

Laissez-le se peigner seul. Expliquez à tout le monde que votre enfant est indépendant en espérant que le résultat ne soit pas trop mauvais. On peut espérer qu'il n'aille pas au lycée sans se brosser les cheveux. Sinon, il faut souhaiter que ça soit devenu à la mode.

Pour que votre enfant se brosse les dents

Les enfants devraient se brosser les dents aussi régulièrement que nous, c'est-à-dire deux fois par jour. Cela est, évidemment, plus facile à dire qu'à faire. Jusqu'à l'âge de 5 ans, ils n'ont pas la coordination nécessaire (ou la patience) pour le faire eux-mêmes. Néanmoins, cela doit être fait. Après tout, un enfant de 2 ans avec une mauvaise haleine ou une carie n'a rien d'un spectacle agréable.

Le travail préparatoire

- Faire en sorte que vos enfants débordent d'enthousiasme au moment d'aller se brosser les dents dépend entièrement de la préparation. Commencez quand ils sont bébés en leur massant les gencives. Faites tout un battage quand vous vous brossez les dents. Laissez votre jeune enfant appliquer le dentifrice sur la brosse à dents. Faites des « Ooh » et des « Aah » pour montrer à quel point cette sensation fraîche et mentholée est agréable.

- Si votre dentiste sait s'y prendre avec les petits (critère important), amenez votre enfant avec vous. (Si vous êtes du genre à hurler de douleur ou à être nerveux, faites-le garder.)

- Laissez votre enfant choisir sa brosse à dents et son tube de dentifrice. Comme toujours, l'attrait du marketing ciblé sur les enfants peut parfois vous servir. Il existe des tas de brosses à dents décorées de personnages célèbres parmi lesquelles choisir et des tas de dentifrices au parfum gourmand.

ASTUCES

- Transformez-vous en siège de dentiste. Dites à votre enfant de s'installer sur votre corps incliné, son dos contre votre poitrine. Faites semblant d'être le dentiste qui examine ses belles dents. Brossez-les tant que vous y êtes.

- Demandez à votre enfant de montrer à son jouet préféré comment se brosser les dents. Aidez le jouet à l'encourager. Par exemple, son ours pourrait dire : « Je voudrais me brosser les dents mais je ne sais pas comment ! Qui va me montre ? » Brossez les dents de votre enfant comme pour faire une démonstration au jouet, puis laissez-le brosser les dents du jouet.

- Faites comme si la brosse à dents était électrique, même si ce n'est pas le cas. Mettez-la « en marche » en faisant un bruit de vibration pendant que vous brossez.

- N'appelez pas ça « le brossage » mais dites que vous allez « peindre ses dents ». Demandez à votre enfant de quelle couleur il veut ses dents puis faites comme si vous les peigniez en les brossant.

- Faites de la brosse à dents un personnage animé qui pourrait s'appeler « Denty » « Brosse Adam » ou « Britney Smears ». Faites-la parler d'une voix amusante et dites à votre enfant que Denty a très envie d'explorer l'intérieur de sa bouche. Ça peut sembler idiot mais ça peut également marcher.

- N'appelez pas ça « du dentifrice » mais « de la pâte à vœux magique ». Il peut faire un vœu tout en se brossant les dents.

Brosse petites quenottes

Sur l'air de « Alouette, gentille alouette »

Mes quenottes, je vous brosserai.
Je brosse les dents du haut,
Je brosse les dents du bas,
Et dessus, et dessus,
Et dessous, et dessous.
Mes quenottes, je vous frotterai,
Ah, je brosse ! Oui je brosse !
Ah, ah, ah…

Mes quenottes, je vous rincerai.
Je remplis mon petit gobelet
Et je rince, et je rince :
Rrrrrrrrrrrrr !
Mes quenottes, je vous rincerai.
Je remplis ma petite bouche
Et je crache, et je crache
Bonne nuit, les quenottes… !

Embobiner en deux mots

→« Est-ce que tu veux que je te brosse les dents ou préfères-tu te les brosser tout seul en premier et que je te les brosse ensuite ? »

→« Veux-tu faire la course ? Le gagnant est celui qui se les brosse le plus longtemps. »

→« Est-ce que tu veux que je commence par les dents du haut ou les dents du bas ? »

Les jeux des parents

La chasse aux papillons

Dites à votre enfant que vous devez utiliser la « brosse à papillons » pour attraper l'insecte (ou pour trouver un autre animal en fuite, une princesse disparue, un dragon timide ou tout ce qui peut captiver l'imagination de votre enfant). Servez-vous de la brosse à dents comme d'un instrument qui permet de rechercher le fugueur dans la bouche de l'enfant, en donnant à la cavité un nom comme « une cave », « un recoin », ou la « pièce d'un château ». Poursuivez l'histoire le temps qu'il faut pour nettoyer ses dents.

Quand les enfants font de la résistance

Faites appel à des experts. Appelez votre dentiste pour une requête particulière ou un rendez-vous pendant lequel il lui expliquera l'importance de se brosser les dents et les conséquences plutôt « beurk » d'une bouche négligée. Ayez recours à des supports visuels.

Pour que votre enfant se débarbouille

Tous les médecins sont d'accord pour affirmer que se laver régulièrement les mains permet d'éviter d'attraper un rhume, la grippe et autres virus qui pourraient infecter vos enfants (et votre maison). C'est également le seul moyen d'empêcher l'apparition de traces de peinture et de glace au chocolat sur les meubles.

Le travail préparatoire

- Donnez-lui l'habitude de se laver les mains. Les enfants qui se lavent les mains plusieurs fois par jour ressentiront de la gêne s'ils oublient et auront tendance à le faire d'eux-mêmes. Pour certains enfants, instaurer cette habitude peut demander des mois. Pour d'autres, quelques semaines suffisent. Au bout du compte, ça vaut la peine de prendre le temps.

- Montrez l'exemple. Si vous sortez de la salle de bains sans vous être lavé, votre enfant le remarquera et pensera qu'il peut faire la même chose.

- Laissez votre enfant se laver les mains tout seul, autant que possible. Vous apporterez la « touche finale. »

- Achetez un marche-pied qui n'appartiendra qu'à votre enfant. Laissez-le apporter cet objet devant le lavabo. Exprimez avec véhémence à quel point vous êtes fier de le voir faire un brin de toilette.

RUSE N° 3

- Quand vous sortez, ayez sur vous des lingettes nettoyantes et du gel assainissant sans rinçage pour les mains.
- Laissez votre enfant choisir son savon et son gant.

ASTUCES

- Faites de la toilette un jeu d'eau. Des gobelets, des bols, des pots vides ou des jouets de bain peuvent rendre ce moment plus amusant.
- Avec un marqueur effaçable à l'eau, dessinez un visage rigolo ou un motif sur les mains de votre enfant de façon à ce qu'il ait quelque chose à enlever en frottant. Dire « Nettoie le monstre » fonctionne toujours.
- Mettez une chanson qu'il aime et dites à votre enfant que vous vous demandez s'il est « suffisamment rapide pour avoir fini sa toilette avant la fin de la chanson ».
- Achetez un gant en forme d'animal (en général, un canard ou un poisson) et faites de la toilette une séance de marionnettes : après tout, qui n'aurait pas envie d'être débarbouillé par « Coin-Coin le canard » ?

Embobiner en quelques mots

➜« Est-ce que tu veux te laver les mains dans le lavabo ou veux-tu que je t'apporte ton gant ? »

➜« Préfères-tu le savon ou le gel nettoyant ? »

➜« Veux-tu te laver avec de l'eau chaude ou de l'eau froide ? »

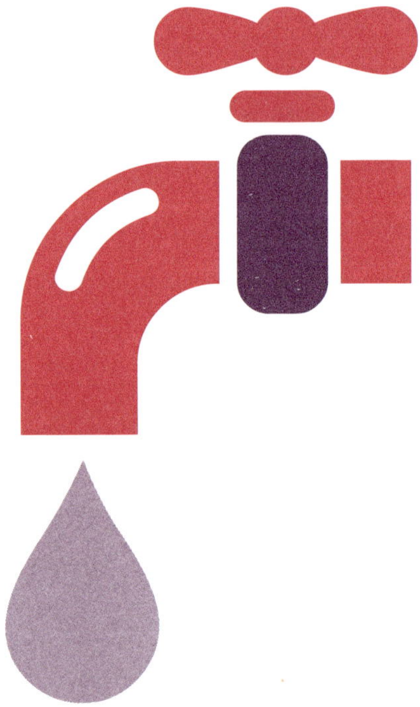

RUSE N° 3

C'est comme ça qu'on se lave les mains

Sur l'air de « Ah ! vous dirais-je, maman »

C'est comme ça qu'on remonte ses manches :
On roule, on roule et on enroule.
C'est comme ça qu'on remonte ses manches :
Après avoir fait pipi au pot (avant de s'installer à table).

Répétez pour chaque étape :
C'est comme ça qu'on se savonne…
C'est comme ça qu'on frotte ses mains…
C'est comme ça qu'on rince ses mains
C'est comme ça qu'on essuie ses mains…

Quand les enfants font de la résistance

Enseignez-leur la théorie des microbes. Évoquez les principes de base en expliquant que tout ce qu'ils touchent à l'extérieur porte des microbes qui peuvent les rendre malade. Faites-leur comprendre à quel point des mains qui ne sont pas propres peuvent être terriblement dégoûtantes.

Pour que votre enfant se fasse couper les cheveux

La plupart des enfants ont peur de se faire couper les cheveux parce qu'ils pensent que ça peut faire mal. Comment ne pas les comprendre ? Si un étranger s'approchait de votre tête avec une paire de ciseaux, n'auriez-vous pas peur ? De plus, se faire couper les cheveux implique de rester assis sans bouger pendant 10 à 30 minutes. Que faire pour que votre petite rock star accepte d'aller dire bonjour à M. ou Mme Biguine ?

Le travail préparatoire

- Dites à votre enfant quand vous allez vous faire couper les cheveux de façon à lui faire comprendre avec subtilité que c'est quelque chose que font les grands comme les petits. Encore mieux : laissez-le vous accompagner pour voir comment ça se passe et constater que ça ne fait pas mal.

- Trouvez un bon coiffeur amical avec les enfants qui met à disposition des jouets, des jeux ou d'autres distractions.

- Ne dites pas que vous allez chez lui faire couper les cheveux, mais demandez le nom du coiffeur et dites que vous allez chez un ami en appelant le coiffeur par son prénom.

ASTUCES

- Faites-le vous-même en installant un « salon de coiffure » dans votre cuisine. Donnez un rendez-vous à votre enfant et demandez-lui de venir à ce moment-là. Demandez-lui d'apporter des fausses pièces pour vous payer (sans oublier le pourboire) ou laissez-le jouer avec de vraies pièces. Mettez de la musique entraînante et joyeuse ou laissez votre enfant la choisir. Laissez-le se mouiller les cheveux tout seul avec un vaporisateur (ne râlez pas si vous êtes mouillé au passage). Discutez pendant la coupe. Racontez des blagues. Posez des questions. Commencez doucement. Ne soyez surtout pas agressif pendant la coupe. Commencez par une coupe d'entretien. Après la coupe, répétez-lui qu'il s'est comporté « comme un grand ». Dites-le à vos amis et à vos voisins. Fêtez l'événement d'une façon ou d'une autre.

- Enrôlez un second adulte ou un frère ou une sœur plus âgé. Employez les tactiques mentionnées plus haut mais un ajoutant un élément d'immobilisation. Votre enfant peut s'asseoir sur les genoux de l'adulte ou de l'aîné ou dans une chaise haute pendant la coupe. Demandez à l'autre adulte de le distraire.

- Ayez recours à une vidéo, à un encas, ou au deux. (Attention : des cheveux coupés risquent de venir se coller sur l'encas !) Travaillez très rapidement. Oubliez l'idée que tout doive se dérouler sans interruption. Une coupe de cheveux peut prendre toute une semaine.

Embobiner en deux mots

➜ « Est-ce que tu veux t'asseoir ou rester debout pendant qu'on te coupe les cheveux ? »

➜ « Veux-tu que je te lise un livre ou que je raconte une histoire ? »

➜ « Veux-tu que [le nom du coiffeur] te mouille les cheveux en vaporisant de l'eau dessus ou qu'il te les lave et te les rince ? »

Coupe, coupe mes cheveux

Sur l'air de « Pirouette, cacahouète »

Il était un petit homme (une petite dame)
Qui allait se faire couper les cheveux,
Il était un petit homme (une petite dame)
Qui avait une drôle de tignasse.

Ses cheveux étaient trop longs…
« Coupe, coupe, coupe mes cheveux. »
Ses cheveux étaient si longs
Qu'ils lui cachaient ses jolis yeux,
Qu'ils lui cachaient ses jolis yeux

On lui a mouillé ses boucles
Et coupé ses mèches rebelles,
Et coupé ses mèches rebelles.

Il était un petit homme (une petite dame)
Qui a coupé ses beaux cheveux
Et qui n'a même pas eu mal !
Il était un petit homme (une petite dame)
Qui a coupé ses beaux cheveux
Et qui n'a même pas eu peur !

Les jeux des parents

Jouer au coiffeur

Deux semaines avant la date prévue de la coupe de cheveux, commencez le processus de désensibilisation. Introduisez l'idée que sa poupée se fasse couper les cheveux. Faites preuve de subtilité en employant des phrases comme « Tu ne crois pas que Barbie serait chic avec une coupe X (précisez en fonction de la mode en vigueur) ? » ou « N'as-tu pas l'impression que la frange de G.I. Joe commence à être un peu longue ? ». Fabriquez un petit siège de coiffeur avec des éléments de construction ou des bâtonnets de glace. Installez la figurine dans le siège. Montrez à l'enfant comment mouiller les cheveux de la poupée. Fournissez une fausse paire de ciseaux pour la coupe. Fournissez de l'argent que la poupée reconnaissante donnera à l'enfant. Émerveillez-vous devant la superbe allure de la poupée. Donnez un autre rendez-vous à la poupée. Évoquez la coupe de cheveux pendant le dîner, à l'heure du coucher, ou en voiture. Rappelez à l'enfant que ça s'est très bien passé.

À mesure que l'événement approche, augmentez la mise. Instaurez un jeu de rôles sur une personne allant se faire couper les cheveux mais ne dites pas à l'enfant qu'il va aller chez le coiffeur. Commencez à apaiser ses peurs et ses angoisses avant qu'il prenne conscience qu'il les a : emmenez votre enfant dans chacune des étapes d'une vraie coupe de cheveux. Donnez une bouteille d'eau à votre enfant et laissez-le vous mouiller les cheveux. Asseyez-vous et laissez votre enfant vous « couper » les cheveux avec ses doigts. (Ne lui donnez pas de vrais ciseaux. La ruse ne fonctionnera pas si votre enfant prend peur devant le résultat obtenu.) Soyez généreux en sourire. Donnez-lui de « l'argent » pour le rémunérer, sans oublier le pourboire. Cet « argent » peut permettre l'achat de quelque chose d'amusant.

Quand les enfants font de la résistance

Quand rien ne marche, rafraîchissez sa coupe de cheveux pendant qu'il dort. Brossez le lit pour enlever les petits cheveux ou passez l'aspirateur sur la moquette.

Pour que votre enfant prenne ses médicaments

« Une seule cuillérée de sucre suffit à faire descendre la potion », a dit un jour une femme pleine de sagesse (qui n'est autre que Mary Poppins, la première Super-Nanny). Selon le caractère de votre enfant et la nature du médicament, cela peut s'avérer plus compliqué.

Le travail préparatoire

- Commencez par habituer votre enfant, même très jeune. Expliquez de quel médicament il s'agit et en quoi il va l'aider à guérir. Soyez clair sur l'idée qu'il faut prendre son médicament et que c'est quelque chose que « tout le monde fait ».

- Donnez-lui autant de choix que possible pendant la mise en pratique : qui lui donne son médicament, quand le prendre (en restant raisonnable) et ce qu'il pourra boire après la prise.

- Si vous utilisez une pipette pour injecter le liquide dans sa bouche, visez la joue dans le fond de la bouche. Plus c'est difficile de recracher, mieux ça sera avalé.

- Laissez-le vous donner votre médicament quand vous avez besoin d'en prendre. Cela lui montrera que les médicaments n'ont rien de méchant, finalement. Remerciez-le avec éloquence de vous avoir aidé dans une tâche aussi importante.

ASTUCES

- Comme le froid dissimule les goûts désagréables, conservez les médicaments au frais. Si ça ne suffit pas à masquer la saveur, essayez de mélanger le médicament froid à de la nourriture à même température (du yaourt, de la crème dessert, de la compote ou de la glace à l'eau pilée). Pour faire de la glace à l'eau pilée, broyez un morceau de glace en bâtonnet et passez-le au micro-ondes jusqu'à ce qu'il commence à fondre. Proposez le reste de la glace comme récompense après qu'il ait pris son médicament.

- Mélangez le médicament à un soda. Une boisson à l'orange ou au jus de raisin, servie très froide, peut déguiser le goût d'à peu près n'importe quel médicament liquide. De plus, cette gourmandise fera plaisir à votre enfant. Adaptez le mélange au mauvais goût du médicament.

- Prenez-vous pour Mary Poppins : administrez le médicament avec une cuillère que vous ferez immédiatement suivre par une cuillère de chocolat liquide (remplissez les deux cuillères à l'avance). Parmi ses multiples propriétés bénéfiques, le chocolat présente l'avantage d'éliminer efficacement l'arrière-goût de n'importe quel médicament.

- Laissez votre enfant décider de l'endroit où il prend son médicament. En effet, céder ne serait-ce qu'un seul élément de contrôle à votre enfant suffit souvent.

Embobiner en deux mots

➜« Est-ce que tu veux prendre ton médicament dans la salle de bains ou dans ta chambre ? »

➜« Est-ce que tu préfères le prendre dans une tasse ou avec une pipette ? »

➜« Est-ce que veux boire ton médicament rapidement ou doucement ? »

Les jeux des parents

Le jus du super-héros

Donnez un nom spécial au médicament, comme « du jus rose pour les super petits gars » ou quelque chose de tout aussi idiot mais d'attractif. Expliquez-lui qu'à chaque dose il va acquérir de nouveaux super-pouvoirs. Réalisez-lui une cape à partir d'un vieux tablier. Donnez le médicament et observez le développement de ses pouvoirs. Soyez créatif, en imaginant notamment de faux exploits dus à sa force.

À la tienne !

Apprenez à votre enfant les mots d'encouragement suivants, afin qu'il sache ce qu'il a à faire.

À la lettre B	*Quel est ce mot ?*	*Qu'allons-nous faire*
À la lettre O	*Boire !*	*de ce médicament ?*
À la lettre I		*Le boire !*
À la lettre R	*Je ne t'entends pas !*	*(il boit)*
À la lettre E	*Boire !*	*Hip, hip, hip ?*
		Hourra !!

Quand les enfants font de la résistance

Pour ceux qui sont d'un genre particulièrement récalcitrant, deux adultes sont nécessaires pour accomplir la ruse suivante, la plus ingrate de toutes… Allongez votre enfant sur le dos. Un adulte lui pince le nez (ce qui le contraint à ouvrir la bouche pour respirer) tout en lui maintenant la tête droite pour l'empêcher de bouger. Si votre enfant n'ouvre pas la bouche, une petite pression au niveau de l'articulation temporo-mandibulaire (l'articulation des mâchoires près de l'oreille) le forcera à ouvrir la bouche. Le second adulte administre alors le médicament liquide, de préférence avec une seringue ou une pipette, puis refermera sa bouche. Vérifiez qu'il avale, ce qui arrivera rapidement puisque votre enfant aura envie de respirer. Ensuite, libérez-lui les narines tout en le maintenant allongé et immobile de façon à ce qu'il ne s'étrangle pas.

Sachez que cette technique mettra l'enfant en colère et rien ne garantit qu'il garde le médicament. Cela dit, votre enfant aura moins de mal à être conciliant à la prise suivante. Ça a l'air horrible mais notre pédiatre a appris cette méthode employée par des infirmières travaillant aux urgences d'un hôpital pour enfants.

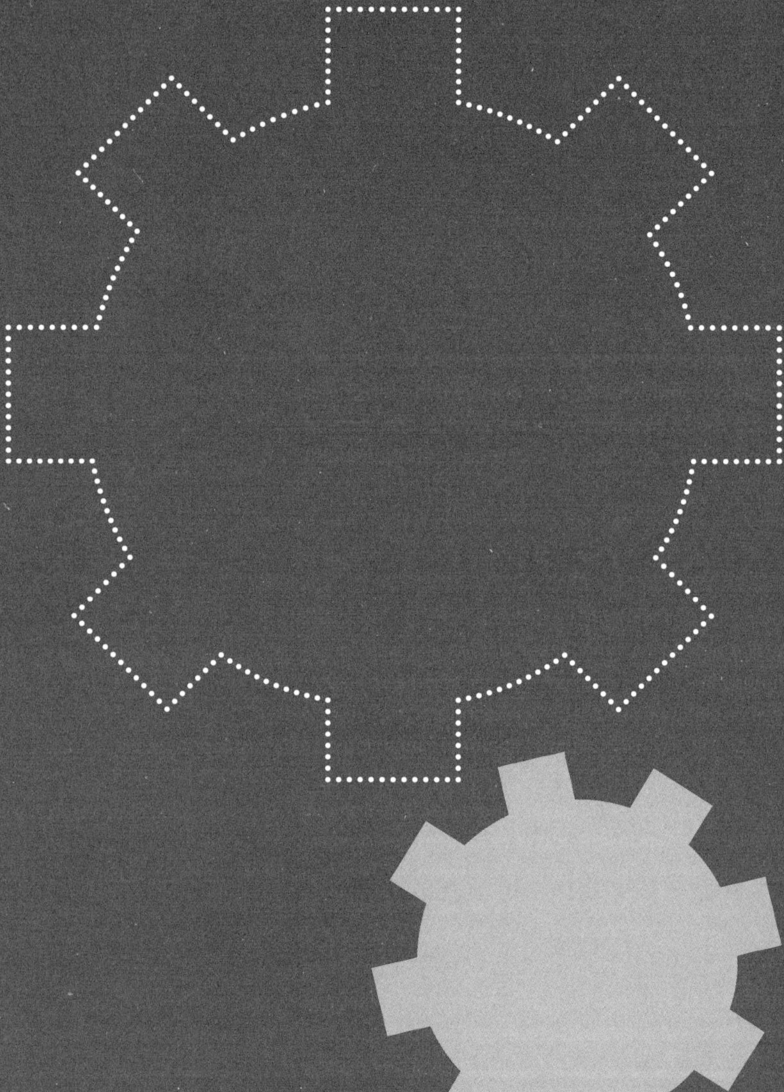

RUSES POUR…
Se préparer le matin

Pour que votre enfant s'habille

Peut-être est-ce parce que les enfants préfèrent maîtriser la situation ? Peut-être est-ce parce qu'ils n'aiment pas qu'on leur passe des vêtements par la tête ? Quoi qu'il en soit, les habiller peut se transformer en lutte quotidienne si on ne s'y prend pas correctement.

Le travail préparatoire

- Cela doit devenir un principe : votre enfant doit s'habiller avant toute chose, avant que vous sortiez de sa chambre le matin.

- Laissez-lui le soin de choisir sa tenue de la journée, en le guidant dans ses choix, évidemment. De cette façon, il se sentira investi dans la tâche.

- Achetez des hauts faciles à enfiler : entièrement fermés par des boutons ou avec une encolure large. Cela vous évitera d'avoir à faire passer un tee-shirt étroit par sa tête.

- Assurez-vous que ses vêtements soient à sa taille : des vêtements trop petits ne sont jamais agréables à porter.

ASTUCES

- Faites de l'habillement une course : « Vite ! Il faut que tu t'habilles avant que papa/maman te voie ! Dépêche-toi : il / elle arrive… » ou « voyons si tu arrives à t'habiller avant que j'aie compté jusqu'à 20. »

- Employez la méthode de la carotte pour le persuader : « Si on veut arriver à temps au zoo / au musée / au magasin de jouets, il faut que tu t'habilles vite. »

- Apprenez à votre enfant à s'habiller seul (autant que possible). Fixez des photos des types de vêtements sur les tiroirs de sa commode afin qu'il sache où ils se trouvent.

Embobiner en deux mots

→« Est-ce que tu veux mettre cette tenue ou l'autre ? »

→« Veux-tu commencer par mettre ton pantalon ou ta chemise ? »

→« Préfères-tu t'habiller debout ou couché ? »

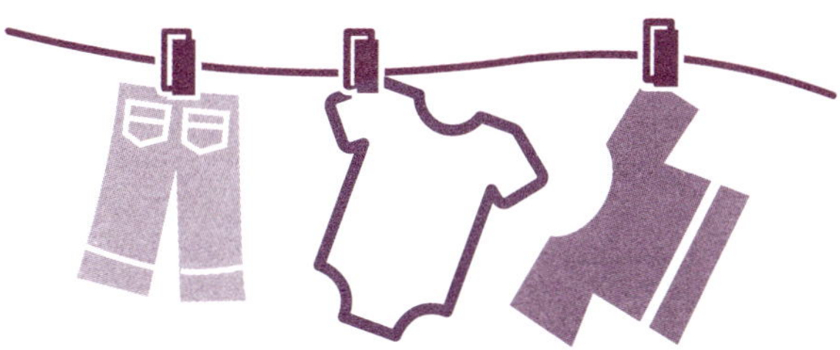

Passe tes habits

Sur l'air de « Passe, passera »

Passe, passe ton bras droit
Dans ton pull, dans ton pull,
Passe, passe ton bras gauche,
et n'oublie pas de passer la tête !

Mais quelle élégance,
Petite Mistinguette !
Tu auras bien chaud,
Mon petit mignon !

Passe, passe ta jambe droite,
Dans la jambe de pantalon
passe, passe ta jambe gauche,
et n'oublie pas la braguette !

Mais quelle élégance,
Petite Mistinguette
Tu auras bien chaud,
Mon petit mignon !

Passe, passe tes chaussettes
Avant de filer si vite,
Passe, passe tes chaussures,
Et tu peux aller courir !

Les jeux des parents

La marchande de vêtements

Ce jeu populaire fait de l'habillage une activité de jeux de rôles amusante pour tous. Cela va sans dire : vous faites le vendeur alors que l'enfant fait le client. Au besoin, sentez-vous libre d'embellir la situation ou de changer la terminologie.

Vous : Bonjour, monsieur / mademoiselle. Êtes-vous à la recherche de quelque chose à porter ?

L'enfant : Oui !

Vous : Dans ce cas, vous êtes dans le bon magasin. Je vais vous montrer ce que nous avons. (*Dépliez deux hauts.*) Nous avons deux adorables hauts en vente aujourd'hui. Lequel vous plaît ? (L'enfant en choisit un). C'est un excellent choix ! Voyons si c'est votre taille…(*Mettez-le à l'enfant avant de l'emmener devant le miroir.*) Et maintenant, que pourrais-je vous montrer d'autre ? Un pantalon, peut-être ?

L'enfant : Oui !

Vous : Parfait, voyons voir. Aimez-vous celui-ci ou celui-là ? (*Montrez deux pantalons et votre enfant en choisit un.*) Merveilleux ! Essayons-le. (*Mettez-le à l'enfant avant de l'emmener devant le miroir.*)

Continuez à jouer jusqu'à ce qu'il soit entièrement habillé. Et n'oubliez pas de lui demander de payer à la fin !

Quand les enfants font de la résistance

Établissez une routine matinale et tenez-vous à ces règles. Commencez quand votre enfant est encore tout jeune et décidez du moment où l'habillage vous arrange : dès le lever, après le petit déjeuner, tout ce qui vous convient. Votre enfant finira par comprendre que s'habiller n'est qu'un des gestes qui permettent de commencer la journée et il se rebellera avec moins de ferveur.

Pour que votre enfant n'enlève pas ses vêtements

Vous devez savoir que les chiens aiment mordiller les pansements pour s'en débarrasser dès qu'on les leur a mis. C'est pour cela qu'on leur installe ces cônes en plastique après une opération. Ce n'est pas pratique (ni même légal) d'avoir recours à une technique similaire pour empêcher un enfant d'ôter ses vêtements, mais la finalité est la même. Les gamins, tout comme les chiens, détestent sentir qu'on les limite dans leurs mouvements.

Le travail préparatoire

- Si vous avez en face de vous un naturiste invétéré, optez pour des vêtements difficiles à enlever. Si les fermetures Éclair et les Velcro sont faciles à mettre, ils sont tout aussi simples à défaire. Optez pour des chaussures à lacets (et faites un double-nœud) et des manteaux et des chemises qui se boutonnent de haut en bas. Achetez des combinaisons ou des « tout en 1 » qui se boutonnent à l'entrejambe.

- Apprenez à votre enfant à passer ses vêtements, puis félicitez-le sans compter. Lui dire à quel point vous êtes fier de lui et quel grand garçon il est l'incitera à ne pas faire le contraire.

- Dites-lui qu'une fois arrivés à destination, il faudra qu'il ait son bonnet / son manteau / ses gants mais qu'il peut les enlever pendant le trajet en voiture. Cela permet à l'enfant d'accepter votre requête avec dignité et en se sentant indépendant.

ASTUCES

- Dessinez ou cousez des visages sur les manches des manteaux, sur la paume des gants et le sommet des bonnets. Il vaut mieux choisir des personnages familiers. En effet, les enfants seront toujours d'accord pour mettre un manteau qui n'est pas un simple habit mais également un ami.

- De la même manière, vous aurez plus de facilité à lui faire porter des chapeaux, un manteau ou des gants inspirés d'animaux que des accessoires plus basiques.

- Un costume d'Halloween chaud et molletonné peut représenter une alternative d'urgence à un manteau mal aimé. Il gardera plus facilement un déguisement de lion ou un chapeau de chat.

- Pour ceux qui détestent les couvre-chefs, essayez les cache-oreilles. Ils sont moins restrictifs (et moins chauds) mais ils présentent l'avantage de garder les oreilles au chaud. De plus, on les trouve sous forme de canards, d'ours ou de pingouins.

Avant d'aller dehors

Sur l'air de « À la claire fontaine »

Tous les petits enfants,
Quand ils vont promener,
Mettent leur manteau blanc
Enfilent leur bonnet.

Tous les petits enfants
Font comme tous les grands :
Ils n'aiment pas prendre froid
Ni être tout mouillés.

Quand tes petites mains
Auront leurs doigts glacés,
Tu diras « Oh, maman
Mais où donc sont mes gants ? »

Quand ton p'tit bout du nez
Sera tout rouge givré,
Tu diras : « Oh, papa
Donne-moi mon cache-nez ! »

Tous les petits enfants
Font comme tous les grands :
Quand ils veulent jouer dehors,
Ils s'habillent chaud d'abord.

Embobiner en deux mots

➜ « Est-ce que tu veux mettre ce manteau ou l'autre ? »

➜ « Préfères-tu mettre tes gants ou tes mitaines ? »

➜ « Que veux-tu mettre en premier, ton manteau ou ton bonnet ? »

Quand les enfants font de la résistance

Dans le doute, superposez les épaisseurs, au minimum trois en hiver. De cette façon, quand il enlèvera son manteau, il restera deux autres couches. Comme première épaisseur, pensez aux vêtements thermiques ou aux sous-vêtements longs.

Pour que votre enfant se mette en route

Parfois, ils s'amusent vraiment trop pour songer à sortir (tourner en rond avec un pot sur la tête, c'est tellement plus amusant). D'autres fois, ils sont trop fatigués pour faire un pas de plus (vous savez, quand votre bambin devient soudainement tout mou, comme une poupée de chiffons, et que vous ne savez plus par où l'attraper). Quelle que soit la situation, pour se mettre en route il faut souvent lutter, qu'il s'agisse de simplement passer la porte ou de se rendre au bout de la rue.

Le travail préparatoire

- Quand votre sortie est prévue, avertissez votre enfant au moins une heure ou deux à l'avance afin qu'il se prépare mentalement. Rappelez-lui quelques minutes avant le moment où vous souhaitez le voir se préparer.

- Proposez à votre enfant de choisir quelque chose qu'il emportera pendant votre sortie. Cela l'aidera à s'investir dans le déplacement.

- Évoquez votre destination avec imagination : « Je me demande si nous allons voir un arc-en-ciel en allant chez mamie. » (La version négative marche aussi : « J'espère qu'ils ne vont pas manger toute la glace avant qu'on arrive. On est tellement longs à partir ! »)

RUSE N° 8

ASTUCES

- La bonne vieille ruse du « premier qui arrive à l'angle » peut servir dans différentes circonstances mais elle est particulièrement efficace dans ce cas. Demandez à votre enfant de dire : « À vos marques, prêts, partez ! » et décollez ! Laissez-le gagner ; mettez-le à nouveau au défi jusqu'à la destination finale.

- Une autre version de la course est : « Crois-tu que tu puisses arriver au bout du chemin avant que j'aie fini de réciter l'alphabet ? »

- Retenez quelques repères ou centres d'intérêt dans la direction que vous visez pour ensuite les montrer du doigt avec enthousiasme pour encourager les élans de vitesse : « Hé, regarde ! Un cheval sculpté ! Un canard ! Allons le voir ! » o : « Hé ! Nous sommes sur le point de passer devant le pain au chocolat géant tout droit, devant nous ! Tu le vois ? ».

- Jouez à « Suivez le guide » ou à « la fanfare » en étant tour à tour celui qui part devant. N'oubliez pas de chanter en avançant.

Embobiner en deux mots

→« Est-ce que tu veux marcher vite ou courir ? »

→« On marche ou on prend la poussette ? »

→« Préfères-tu qu'on marche côte à côte ou en file indienne ? »

RUSE N° 8

Ého, Ého !

Sur l'air de « On rentre du boulot »

Ého, Ého !
On s'en va au marché.
Ého, Ého !
On s'en va à cloche-pieds.

Remplacez « le marché » ou « à cloche-pieds » par ce qui correspond à votre déplacement.

Les jeux des parents

Transformez votre promenade de routine en jeu de « chat ». Dites : « Tu ne m'attraperas pas ! » ou : « Pas moi ! » et partez en courant, en veillant à ne pas aller trop loin devant afin de ne pas laisser l'enfant sans surveillance. Votre petit s'élancera dans la course et vous avancerez avec entrain. Une fois qu'il vous aura attrapé, attrapez-le et ainsi de suite…

Quand les enfants font de la résistance

Souvenez-vous que préparer vos enfants à sortir prend toujours deux fois plus de temps que nécessaire. Si vous avez l'habitude de vous donner 15 minutes de préparation, doublez le temps imparti pour en accorder 30.
Ne craignez pas la technique du « Je te prends et on y va ». Fait avec le sourire et en le portant avec humour (en le faisant voler comme un avion, à l'envers, ou comme un sac de pommes de terre), il se peut même qu'il rit, malgré le fait que vous soyez en train de le traîner dehors contre sa volonté.

Pour qu'il aille chez le docteur ou le dentiste

Mettre les enfants à l'aise à l'idée d'une visite chez le docteur ou chez le dentiste n'est pas chose facile, même en ignorant la mauvaise publicité qu'on leur fait dans les dessins animés et les films. Globalement, dans les premiers mois de la vie, chaque visite médicale signifie qu'on va recevoir une injection, être palpé et manipulé, ou qu'on va devoir patienter avec quelques enfants malades. Les dentistes s'approchent avec des instruments d'aspect étrange, les forçant à ouvrir la bouche contre leur gré en les faisant asseoir dans un drôle de siège. Cependant, avec une bonne préparation et quelques astuces pratiques, ce qui a tout d'un mauvais moment à passer peut devenir une sortie amusante.

Le travail préparatoire

- Faites savoir à votre enfant que vous avez rendez-vous chez le médecin ou chez le dentiste, pour vous-même. Cela l'aidera à apprendre que c'est quelque chose que tout le monde fait. Si possible, emmenez-le avec vous afin qu'il voie ce qui se passe et qu'il n'ait pas peur.

- Essayez de trouvez un praticien qui sache s'y prendre avec les enfants. Il serait bon que son cabinet soit « rigolo » avec des tas de livres, de jouets et de jeux.

- Ne parlez pas du médecin en l'appelant « le docteur » mais évoquez-le comme un ami que vous voyez de temps à autre. Quand votre enfant a un rendez-vous, ne dites pas : « Nous avons un rendez-vous avec le docteur Jacob » mais dites, avec enthousiasme : « Aujourd'hui, nous allons rendre visite à notre ami le docteur Jacob ! »

RUSE N° 9

› Placez votre rendez-vous le plus tôt possible dans la journée. Cela vous laissera le temps de faire quelque chose de divertissant après la visite et vous aurez plus de chances d'être reçus à l'heure, réduisant ainsi le temps d'attente.

Je me sens bien !

Sur l'air de « I feel good » de James Brown. Chantez cette chanson en vous préparant pour aller à votre rendez-vous ou dans la salle d'attente du docteur.

J'me sens bien !
La, la, la, la, la, la, la.
J'espère qu'il n'est pas en retard !
La, la, la, la, la, la, la.

J'me sens bien !
La, la, la, la, la, la, la.
J'espère qu'on va pas attendre !
La, la, la, la, la, la, la.
Super bien !
Trop bien !
Quelle forme, oh, quelle patate !
La, la, la, la, la, la, la

Variante :

J'suis malade !
La, la, la, la, la, la, la.
J'espère aller mieux bientôt !
La, la, la, la, la, la, la.

J'me sens mal !
La, la, la, la, la, la, la.
Le docteur (le dentiste) lui saura quoi faire !
La, la, la, la, la, la, la.

Si mal !
Si mal !
Vite j'ai besoin d'aide !
La, la, la, la, la, la, la.

ASTUCES

- Jouez au docteur ou au dentiste à la maison, ensemble ou avec des poupées et des animaux en peluche. Faites un « contrôle » à votre enfant avec un faux stéthoscope et un examen dentaire avec un miroir et une brosse à dents. Ensuite, laissez-le faire la même chose sur vous.

- Préparez votre enfant aux vaccins et à la prise de médicaments en commençant par les appliquer aux peluches. S'il n'aime pas les vaccins, expliquez que les injections ne font pas plus mal qu'un petit pincement.

- Si vous avez le temps (et que votre enfant n'est pas malade) prévoyez une sortie après le rendez-vous chez le docteur ou chez le dentiste. Concevez-la comme une carotte : « Devine où nous allons après ? Au zoo ! »

Embobiner en deux mots

→« Après la visite chez le dentiste, aujourd'hui, préfères-tu une glace à l'eau ou un cône ? »

→« Quel livre / jeu / allons-nous emporter chez le dentiste aujourd'hui ? »

→« Vas-tu demander un autocollant au docteur X ? »

→« Comptons tes de dents afin de pouvoir dire au docteur X combien tu en as ! »

Les jeux des parents

Je suis allé chez le docteur (ou chez le dentiste)

C'est un jeu formidable pour s'occuper dans la salle d'attente ou en chemin vers le cabinet du praticien. Il permet de parler du sujet sans lui donner l'air effrayant. Dites à votre enfant de répéter « nous sommes allés chez le docteur et nous avons vu un… » et demandez-lui de nommer quelque chose qu'il a vu ou qu'il voit dans le cabinet.

Ensuite, vous dites : « Nous sommes allés chez le docteur et nous avons vu un…et un… » nommant l'objet cité par l'enfant avant d'en ajouter un autre de votre choix.

À présent, votre enfant va dire : « Nous sommes allés chez le docteur et nous avons vu un… et un… et un…», nommant son premier objet, votre objet et un autre objet de son choix.

Poursuivez le jeu jusqu'à en être lassés et que le docteur vous reçoive.

Quand les enfants font de la résistance

Si votre enfant a visiblement l'air nerveux à l'idée d'aller voir le docteur ou le dentiste, ne négligez pas ses sentiments. Faites-lui savoir que vous avez conscience de ses craintes avant de rediriger la conversation vers ce qu'il y a d'amusant dans cette visite : « Je sais que ça t'inquiète d'aller chez le docteur mais tout va bien se passer. De plus, il va regarder dans tes oreilles pour voir s'il trouve des petits minous à l'intérieur et il va faire danser tes genoux avec une petite baguette à danser ! »

Pour que votre enfant aille à l'école

Certains enfants se réveillent avec une folle envie d'aller à l'école. Si vous n'avez pas l'un de ces enfants, vous allez devoir apprendre à surmonter sa réticence naturelle. Vous allez devoir apprendre à faire l'éloge de la journée, en lui faisant comprendre qu'il n'y a rien de mieux à faire, afin de rendre l'école amusante.

Le travail préparatoire

- À partir du moment où votre enfant se réveille, commencez à parler de l'école, avec légèreté. Ne dramatisez pas la situation et n'ayez pas l'air désolé pour lui. Parlez simplement, comme de tout ce qui compose une journée.

- Impliquez-le dans sa préparation. En choisissant la tenue de la journée, dites : « Qu'as-tu envie de mettre aujourd'hui ? » Demandez-lui de vous aider à préparer son sac ou de choisir les chaussures ou le manteau qu'il va mettre.

- Choisissez un objet ou un jouet particulier pour emporter à l'école et le montrer à ses camarades ou à sa maîtresse.

- Instaurez une routine spéciale d'avant et d'après l'école. Chantez une chanson spéciale pour le trajet vers l'école, juste avant de partir ou dans la voiture. Arrêtez-vous à la boulangerie pour lui offrir un petit déjeuner spécial que vous partagerez avant de le déposer à l'école. Après la classe, jouez ensemble au parc ou faites un saut régulier chez le marchand de glaces ou de bonbons.

› Apprenez les noms des autres enfants de l'école, en particulier ceux avec lesquels votre enfant aime jouer. Incluez-les aux instants de motivation précédant l'école.

ASTUCES

› Renseignez-vous sur l'emploi du temps de la semaine afin de pouvoir encenser ce qu'il va faire ce jour-là. Dites à votre enfant : « Aujourd'hui ça va être une journée pas comme les autres. Tu vas faire de la peinture / de la musique / de la cuisine/ lire des histoires ! » Tant que votre voix sera enthousiaste, il partagera votre entrain.

› Dites à votre enfant que c'est un jour spécial où tous les enfants qui vont à l'école peuvent faire un vœu et que, quand vous irez le chercher, il pourra faire le vœu de son choix.

› Emmenez votre enfant acheter des affaires d'école : un cahier de textes, un cartable, un nouveau manteau, etc. Laissez-le choisir des accessoires qui lui plaisent et qui lui seront utiles à l'école. Qu'y a-t-il de plus motivant qu'une trousse Spiderman ou un sac Dora l'Exploratrice ?

› Avec l'aide de votre enfant, dessinez une « carte de l'école » qui montre la route que vous prenez pour vous y rendre tous les jours. Gardez-la à l'abri et, quand l'heure de partir pour l'école approche, dites à votre enfant « qu'il ne faut surtout pas oublier la carte » et que vous avez besoin de son aide pour vous souvenir de la route.

Embobiner en deux mots

→« Veux-tu emporter un fruit ou un gâteau comme encas aujourd'hui ? »

→« Veux-tu qu'on prenne le chemin normal ou le chemin secret pour aller à l'école aujourd'hui ? »

→« Veux-tu mettre ton pull rouge ou ton pull bleu pour aller à l'école aujourd'hui ? »

À l'école

Sur l'air de « Frère Jacques ».

C'est lundi,
C'est lundi,
Aujourd'hui,
Aujourd'hui :
Lundi y'a école,
Lundi y'a école,
Aujourd'hui,
Aujourd'hui.

Répétez avec chaque jour de la semaine, en remplaçant lundi par le jour approprié.

Les jeux des parents

Fais ce bruit !

Dites à votre enfant que vous allez jouer à « Fais ce bruit ! » en chemin vers l'école. On peut y jouer en voiture ou en marchant.

Décidez du nombre de bruits que devra faire votre enfant pendant le trajet (grosso modo, un bruit par minute devrait convenir).

Commencez à jouer en disant : « J'entends le bruit que le ------ fait. Fais comme lui ! »

Pendant que votre enfant réfléchit, fredonnez un peu de « musique de réflexion ». Par exemple, vous pouvez essayer la musique de *Jéopardy* !

Répétez si nécessaire.

Marquez les points et félicitez-le de faire en sorte que vous avanciez.

Quand les enfants font de la résistance

Si votre enfant présente une résistance extrême à l'école, cela peut indiquer qu'il s'y ennuie, qu'il a peur ou qu'il est angoissé pour une raison ou pour une autre. Essayez de cerner le cœur du problème et traitez la cause et non pas les symptômes.

Assurez-vous que votre enfant prenne un petit déjeuner sain et qu'il dorme suffisamment. Quand on manque d'énergie, on a plus de mal à quitter la maison. Envisagez d'ajouter des vitamines au petit déjeuner de votre enfant.

Pour que votre enfant mette de la crème solaire

Le soleil brille et vous vous apprêtez à profiter de cette belle journée quand les mots « Je veux pas de crème solaire » sortent tout droit de la bouche de votre petit ange. S'ensuit une course-poursuite. C'est difficile à croire mais c'est vrai : votre enfant doit être généreusement enduit de crème avant que votre journée puisse véritablement commencer. Tant qu'un voile qui recouvrirait le corps entier ou une pilule « écran total » n'existe pas sur le marché, vous devez faire le boulot à la main.

Le travail préparatoire

- Avant toute chose, faites-lui comprendre qu'il n'a pas le choix. S'il le désire, il peut choisir par quelle partie du corps vous allez commencer à le badigeonner ; mais pour pouvoir mettre le nez dehors, il doit porter de la crème solaire.

- Prévoyez d'appliquer la crème solaire avant d'arriver à votre destination finale. Dans l'idéal, mettez-la en vous habillant ou juste avant de sortir. De cette façon, le sable ou les saletés ne viendront pas se coller sur la crème pendant que vous l'étalerez. De plus, la crème solaire devient plus efficace au bout de 30 minutes d'absorption.

- Ayez recours à la télé. Devant un bonne émission pour enfants, la plupart des petits ne remarqueront même pas ce que vous êtes en train de faire.

- Laissez-le mettre sa crème tout seul. Vous pouvez être son « assistant » et l'aider à l'étaler.

- Si vous allez à la plage et que vous avez des difficultés à faire accepter la crème, songez à acheter un maillot de bain « combinaison anti-UV ». De cette façon, vous n'aurez plus que le visage, les mains et les pieds à protéger.

- Faites tout ce qui est en votre pouvoir pour vous assurer que l'écran solaire n'aille pas dans les yeux de l'enfant. En plus d'être terriblement douloureux, cela pourrait initier une réaction à la Pavlov à chaque fois que vous sortirez le flacon. Proposez à votre enfant de tenir un mouchoir en papier ou une serviette devant ses yeux pendant l'application.

ASTUCES

- N'appelez pas le produit « écran solaire » mais « crème magique » qui agit comme un « bouclier magique » qui protège du soleil.

- Faites comme si la lotion pouvait être bénéfique dans d'autres domaines : ainsi, il nagera mieux, il sera totalement invisible, incroyablement fort, ou elle lui donnera un pouvoir ou un autre.

- Si vous utilisez de la crème blanche qui met un moment à pénétrer, faites de l'application un projet artistique sur le corps de votre enfant. Appliquez de la crème sur son ventre mais ne frottez pas. Tracez des dessins du bout des doigts avant de frotter. Laissez-le faire la même chose sur vous quand vous appliquez votre crème.

- Proposez une prime naturelle : « Dès que tu auras mis ta crème solaire, nous pourrons aller à la plage. » Si la destination ne donne pas envie, vous pouvez avoir besoin d'une prime artificielle : « Quand tu auras mis ta crème solaire, tu pourras choisir la musique qu'on mettra en voiture / le livre qu'on lira avant de partir. »

- Achetez un gant en forme de marionnette et prenez-le pour appliquer l'écran solaire. Quand c'est un canard qui met la crème, c'est beaucoup plus amusant que vos mains.

- Emportez un pinceau et un petit bol avec vous à la plage ou en pique-nique. Votre enfant peut tremper le pinceau dans la crème et peindre sur son corps tout seul. Pendant qu'il peint, vous pouvez masser pour étaler la crème protectrice.

Embobiner en deux mots

→« Est-ce que tu veux que ça soit moi ou papa qui te mette la crème solaire ? »

→« Veux-tu mettre la crème rose ou la crème verte ? »

→« On commence par ton nez ou par tes pieds ? »

→« Veux-tu qu'on peigne un tigre ou un requin sur ton ventre ? »

RUSE N° 11

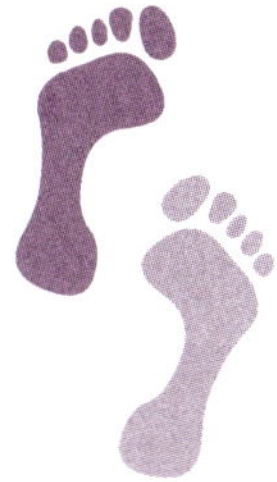

Les jeux des parents

La course des crèmes

Si vous êtes deux adultes et deux enfants, formez des équipes et faites la course pour voir qui va finir de mettre de l'écran solaire à l'autre en premier, sans lésiner. S'il n'y a qu'un seul enfant ou qu'un seul adulte, appuyez-vous sur le record personnel : pouvez-vous battre votre propre record ? D'une façon ou d'une autre, demandez à l'enfant de compter tout haut.

Quand les enfants font de la résistance

Faites appel à l'esprit rationnel de votre enfant et à son désir instinctif de préservation. Expliquez-lui les effets négatifs du soleil en vous concentrant sur la douleur provoquée par un coup de soleil, même si elle ne dure pas.

Étalez l'écran solaire pendant que votre enfant est attaché dans le siège auto ou dans sa poussette. En général, ce n'est pas un moment agréable mais vous parviendrez à vos fins.

N'oublie pas tes petits pieds

Sur l'air de « Tourne, petit moulin »

Masse, masse petite main,
N'oublie pas ton dos ni tes joues.
Masse, masse petit main,
N'oublie rien et tout ira bien.
Au soleil tu iras tranquille,
Avec la crème dans ta petite main.

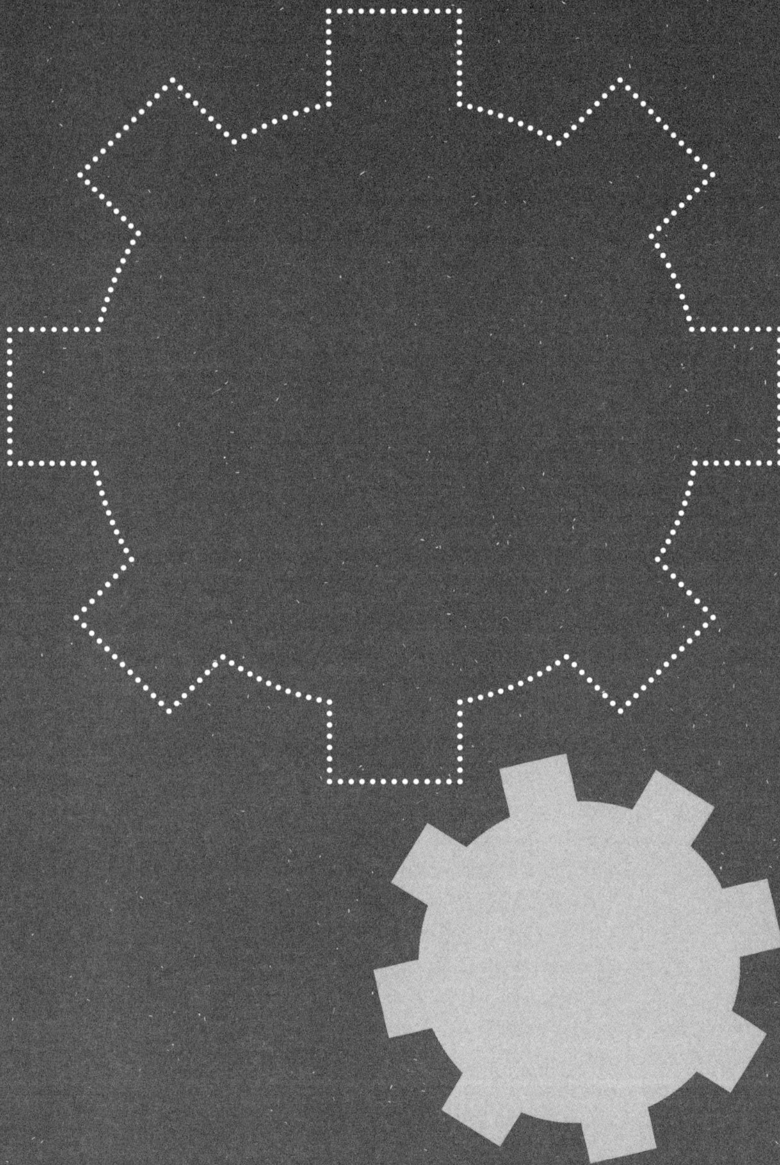

RUSES POUR...
Changer son comportement

Pour que votre enfant fasse la connaissance d'un inconnu

Rencontrer quelqu'un pour la première fois peut effrayer certains enfants. Leur timidité prend le dessus et ils sont sous le coup de leurs émotions. En même temps, votre gêne se développe devant votre enfant, qui est bien élevé et souriant en général et qui vient se planter derrière votre genou droit tandis qu'un adulte bienveillant exprime toute sa joie de faire sa connaissance.

Le travail préparatoire

- Quand vous savez que quelqu'un va venir, préparez votre enfant à sa visite. Si possible, montrez-lui des images de l'invité et évoquez sa venue avec entrain.

- Prenez le temps de faire un jeu de rôles sur le thème des nouvelles rencontres. Vous pouvez tenir le rôle de votre enfant et votre enfant celui de l'étranger.

- Ayez des attentes simples. Si le regarder dans les yeux est trop difficile pour votre enfant, dites-lui de poser son regard sur une autre partie du visage de la personne en lui disant bonjour.

RUSE N° 12

ASTUCES

- Cachez-vous derrière votre enfant au lieu de le laisser se cacher derrière vous. L'absurdité de la situation devrait le faire rire et cela brisera la glace.
- Préparez le visiteur à l'avance. Informez-le qu'il vaut mieux laisser du temps à votre enfant. Si votre enfant a un plat préféré ou s'il y a un cadeau que vous savez qu'il aimera, donnez-le à votre invité pour qu'il l'offre à votre enfant.

Quand on rencontre une nouvelle tête

Sur l'air de « La meilleure façon de marcher ». Chantez ça avant et, au besoin, pendant toute nouvelle rencontre.

Quand on rencontre une nouvelle tête,
On lui dit d'abord bonjour !
(On fait « salut » avec la main.)
Quand on voit une tête qu'on connaît,
On commence par dire bonjour !
(On se serre la main.)

Quand on rencontre quelqu'un de gentil,
Même si on ne le connaît pas,
Quand on rencontre quelqu'un de sympa,
On commence par : « Salut, ça va ? »

Quand ta......... vient dire bonjour,
Tu lui fais un gros bisous !
(On fait un bisou.)
Quand ton......... vient dire bonsoir,
Tu lui fais un gros câlin !
(On se serre dans les bras.)

Embobiner en deux mots

➜« Veux-tu dire bonjour ou hello ? »

➜« Veux-tu lui serrer la main ou le pied ? »

➜« Veux-tu lui demander comment il s'appelle ou quel âge il a ? »

Les jeux des parents

La journée « Bonjour ! Hello ! Hola ! »

Ce jeu auquel vous pouvez jouer avec vos enfants va non seulement les aider à être plus ouverts aux autres mais il va également leur apprendre des langues étrangères. Au début de chaque journée, en vous servant de la liste ci-dessous (ou de celle que vous établirez) demandez à votre enfant de décider quel bonjour attribuer au jour d'aujourd'hui. Le but est de faire dire à votre enfant « bonjour » dans cette langue du jour à autant de gens qu'il pourra.

Konnichi wa (japonais)

Hola (espagnol)

Hello (anglais)

Hej (danois)

Buon giorno (italien)

Dos vidanya (russe)

Quand les enfants font de la résistance

Quand vous vous retrouvez seuls, parlez à cœur ouvert avec votre enfant. Dites-lui que vous savez que c'est difficile d'être en face d'un inconnu ou de voir des gens dont on ne se souvient pas, mais que vous espérez qu'il apprenne comment le faire et qu'il essaie à nouveau la prochaine fois. Demandez-lui de vous dire une chose nouvelle qu'il essaiera d'accomplir la fois suivante, qu'il s'agisse de dire bonjour, de serrer la main ou de sortir de sa cachette.

Remarque : Ne jamais forcer un enfant à embrasser ou à serrer la main d'une personne qu'il ne connaît pas ou avec laquelle il n'est pas à l'aise. C'est une leçon de vie qui ne doit pas être éclipsée par votre envie de faire plaisir à Tatie Betty.

Salam (arabe)

Ni hao (chinois)

Goede morgen (néerlandais)

Xin chào (thaï)

Shalom (hébreu)

Namasté (hindi)

Kalimera (grec)

Pour que votre enfant vous laisse partir

Tout est prévu. Vous allez sortir ce soir. À présent, vous n'avez plus qu'à faire le saut. Pour que tout se passe bien au moment du départ, il faut préparer votre enfant et organiser le moment où vous allez décamper .

Le travail préparatoire

Informez-le à l'avance que vous êtes de sortie. Ayez recours à des visuels pour l'aider à se préparer mentalement et émotionnellement. Montrez-lui un calendrier, faites une grille de compte à rebours ou une chaîne composée d'anneaux en papier dont vous enlevez un anneau chaque jour. La personnalité de votre enfant, son expérience d'être gardé et son âge vous indiqueront combien de jours à l'avance il faut commencer à le préparer. Certains enfants seront anxieux si on leur laisse un trop long délai ; d'autres ont besoin de beaucoup de temps pour bien se préparer.

- Normalisez l'expérience en dressant la liste des enfants du voisinage ou des parents avec qui il pourra parler des bons moments passés avec des baby-sitters, chez eux.

- Assurez-vous que votre enfant sache qui va s'occuper de lui. Dans l'idéal, votre petit aura déjà passé du temps avec cette personne avant la date capitale.

- Dites-lui avec précision ce qu'il va faire avec sa baby-sitter : « Après le dîner, la baby-sitter te lira une histoire, t'aidera à te brosser les dents et à te mettre au lit. »

- Dites-lui quand et comment vous allez lui dire au revoir : « Après une histoire et un câlin, nous y allons. » Il est extrêmement important que vous fassiez ce que vous avez dit. Si vous vous attardez ou cédez pour lire une autre histoire, vous donnez le message que partir vous met mal à l'aise. Même si c'est le cas, ne le montrez pas si vous avez toujours l'intention de vous en aller.

- Notez les instructions sur une feuille et les numéros importants pour votre baby-sitter. De cette façon, vous pourrez répondre à ses questions en un coup de fil et vous ne serez pas obligé de vous déplacer.

ASTUCES

- Echappez-vous à un moment où votre enfant est occupé ou en train de s'amuser avec la baby-sitter, devant la télé, avec un livre ou à danser. Pour encourager cela, achetez un jouet ou une vidéo et donnez-les à votre baby-sitter pour qu'elle distraie votre enfant.

- Quand vous lui dites au revoir, soyez positive, confiante et rapide. Ne traînez pas et n'ayez pas l'air triste. Dites simplement au revoir, dites à votre enfant de bien s'amuser et rappelez-lui que vous rentrerez plus tard.

- Mettez tout ce dont vous avez besoin (clés, portefeuille, boules de bowling) près de la porte ou dans la voiture, longtemps à l'avance, afin de faire une sortie rapide et nette.

- Inventez une histoire d'enfant dont les parents sont sortis pour la soirée. Décrivez à quel point l'enfant était triste au début et expliquez qu'il avait un peu peur. Mais ensuite il a passé un très bon moment avec la baby-sitter. Évoquez longuement tout ce qu'ils ont fait ensemble, à quel point ils se sont amusés. Terminez par un petit commentaire ressemblant à : « Comme ils l'avaient dit, les parents de la petite fille sont revenus à l'heure prévue, ont regardé si leur enfant dormait bien, l'ont embrassée et sont allés se coucher. »

Embobiner en deux mots

→ « [Nom de la baby-sitter] vient dîner avec toi ce soir. Choisis ce que tu veux pour le repas. De quoi as-tu envie ? »

→ « Maman et moi allons bientôt partir mais nous pouvons te lire une histoire ou faire un jeu avec toi avant d'y aller. Que préfères-tu faire ? »

→ « Veux-tu m'embrasser ou me faire un câlin pour dire au revoir ? »

Bye-bye, ma petite maman

Sur l'air de « Adieu, les jolis foulards », chantez cette chanson courte en serrant votre enfant dans les bras au moment de dire au revoir.

Bye-bye, ma petite maman,
Bye-bye, mon petit papa,
Bye-bye, mes parents chéris,
Je vous retrouve dans mes rêves,
Pendant ma douce nuit.

RUSE N° 13

Les jeux des parents

Le salut

Après avoir enfilé votre manteau et dit bonsoir à votre enfant, jouez au salut pour l'aider à rendre cet au revoir amusant. Il suffit simplement de faire au revoir de façon amusante en vous dirigeant vers la porte. Demandez à votre enfant de vous imiter. Ne cherchez pas à faire plus de trois gestes pour chaque départ ou vous risqueriez de trop faire durer le moment.

Saluts à essayer :

- Entre les jambes
- Par-dessus la tête
- Dans le dos
- Les pouces en crochet, s'agitant comme les ailes d'un oiseau
- Avec les paumes plaquées l'une contre l'autre à l'horizontale, ouvrant et fermant les mains comme un crocodile
- Un, deux, trois, quatre et cinq doigts qui saluent.

Quand les enfants font de la résistance

Sortez et éclatez-vous quoi qu'il se passe, laissant à la baby-sitter le soin de calmer votre enfant. Il finira par s'apaiser. De plus, cette soirée vous fera du bien et votre enfant sera heureux de vous voir heureux.

Pour que votre enfant accepte de passer la nuit ailleurs

Le moment est venu. Vous avez besoin de plus qu'un dîner et un cinéma. Vous avez besoin de passer du temps sans les enfants. Vous avez besoin de vacances. Que votre enfant reste à la maison avec quelqu'un d'autre ou qu'il parte ailleurs, chez un adulte de confiance, le truc est de l'impliquer dans les préparatifs et de faire de ce temps passé loin de vous un souvenir particulier et agréable.

Le travail préparatoire

- Parlez à votre enfant de toutes les choses différentes qu'il pourra faire avec la personne à qui vous allez le confier. Il peut s'agir d'une visite au zoo, de faire des gâteaux, ou de tout ce qui peut être particulier à ses yeux.

- Dites à votre enfant quand vous l'appellerez précisément pour prendre de ses nouvelles. Assurez-vous de le faire ! Dites à votre enfant que la personne qui va le garder saura comment vous joindre.

- S'il doit aller chez quelqu'un, mettez dans sa valise toutes ses affaires afin qu'il voit qu'il aura son bol préféré et d'autres objets rassurants avec lui. Assurez-vous que l'hôte ait les éléments familiers essentiels : le lait ou le jus de fruit, qu'il faut, ses fruits et ses encas préférés, et peut-être des aliments qui ne sont autorisés que pendant les grandes occasions.

› Plus vous impliquerez votre enfant dans la préparation de ses bagages, mieux ce sera. Laissez-le prendre ses vêtements et ses jouets préférés.

› N'oubliez pas d'inclure un petit album aux bagages de votre enfant au cas où il ait besoin de faire une « petite visite à sa famille ».

› Avec l'aide de votre enfant, constituez un « petit livre de l'ailleurs » sur ce qui va se passer en votre absence. Insérez des photos des gens avec qui il sera, de l'endroit où il sera, et de ce qu'il fera. Demandez-lui de faire des dessins pour le livre et regardez le livre plusieurs soirs de suite avant le moment du départ. Quand vous partirez, votre enfant saura clairement à quoi s'attendre.

› Faites un « calendrier de ses vacances ailleurs » qui lui permettra de savoir combien de jours il lui reste avant la fin du séjour. Donnez-lui des gommettes ou un feutre pour rayer les jours en allant se coucher. Il peut également s'en servir pour noter les souvenirs de ce temps passé chez la personne qui l'accueille.

ASTUCES

› Donnez aux grands-parents ou à la personne qui le gardent une certaine liberté de manœuvre avec le coucher, la nourriture et tout ce qui ne met pas sa sécurité en danger. Ils doivent se sentir libres de le laisser regarder un épisode supplémentaire de sa série préférée, de dîner au salon, ou de le coucher un peu plus tard que d'habitude pour que cette expérience soit amusante pour lui.

- Graissez la patte de votre enfant : offrez-lui un cadeau, empaquetez-le et mettez-le dans sa valise. Montrez-lui le cadeau emballé et dites-lui qu'il ne pourra l'ouvrir qu'une fois arrivé à destination.

Embobiner en deux mots

→« Voudrais-tu emporter ton ours ou ton lapin en peluche ? »

→« Quelle couverture veux-tu prendre avec toi ? »

→« Préfères-tu que je t'appelle le matin quand tu te réveilles ou le soir avant que tu ailles te coucher ? »

→« Quels aliments aurais-tu envie de manger en mon absence ? »

RUSE N° 14

Je vais faire dodo chez des gens trop chouettes

sur l'air de « J'ai perdu le do de ma clarinette. »

Je vais faire dodo chez des gens trop chouettes,
Je vais m'amuser, j'ai beaucoup de chance !

Je vais faire dodo chez papi et mamie !
J'emmène avec moi mon doudou et mon chat.
Ah, si tonton il savait ça ! (Lalala.)
Ah, si tatie elle savait ça !
Ils diraient Ohé ! ils diraient « Lala ! »
Mais quelle chance tu as mon petit,
D'aller y passer la nuit.
Je vais faire dodo chez papi et mamie !

Quand les enfants font de la résistance

Même avec la meilleure préparation du monde, au départ, la plupart des enfants sont très tristes de vous voir partir et ils feront tout pour vous retenir. Donnez-leur des tonnes de câlins et de bisous. Avec le vôtre, insistez sur le fait qu'il va énormément s'amuser et répétez-lui que vous lui téléphonerez. Ensuite, partez !

Pour que votre enfant reste assis tranquillement

La plupart des jeunes enfants ont une capacité de concentration de 15 minutes. Quand une activité dure plus longtemps, il y a des chances pour qu'ils s'agitent.

Le travail préparatoire

- N'allez jamais dans un endroit où l'on demandera à votre enfant de rester tranquille, assis ou debout, sans une pile de livres, du papier et des crayons (ou des petits jouets qui ne font pas de bruit) pour qu'il puisse s'occuper. Laissez-le choisir les livres ou les jouets qu'il va emporter.

- S'il va devoir rester à sa place pendant une longue durée (par exemple, en voyageant en voiture ou en avion, songez à emporter un ordinateur portable ou un lecteur de DVD de voyage.

- Au restaurant, faites asseoir votre enfant dans une chaise haute ou un rehausseur et n'oubliez pas de l'attacher : un public captif est un bon public.

ASTUCES

- Si vous avez le temps, allez à l'aire de jeux ou au parc avant d'aller là où l'on demandera à votre enfant de rester assis. Cela lui permettra de se dépenser.

- Si possible, allez-y en marchant. Cela aussi brûlera de l'énergie.

- Grâce à un tour de magie, jetez-lui un sort pour l'immobiliser qui durera le temps nécessaire. Il peut également s'arrêter dès qu'il se remettra à gigoter. Dans ce cas, demandez-lui de vous jeter le même sort et inversez à nouveau les rôles.

Embobiner en deux mots

→ « Est-ce que tu veux t'asseoir sur une chaise ou sur mes genoux ? »

→ « As-tu envie de lire ou de faire des dessins ? »

→ « Veux-tu arrêter de courir maintenant ou quand j'aurai compté jusqu'à dix ? »

Les jeux des parents

Les statues

Apprenez à votre enfant à jouer à la statue. Dites-lui que vous allez le chronométrer pour voir combien de temps il peut rester immobile comme une statue. Comptez les secondes (tranquillement). Dès qu'il bouge, félicitez-le d'avoir tenu aussi longtemps, puis dites-lui que vous aimeriez voir s'il est capable de battre son record.

Quand les enfants font de la résistance

Il se peut que vous ayez besoin de prendre le taureau par les cornes et de quitter les lieux si tout se complique. Ne négociez pas. Prenez-le et partez.

Pour que votre enfant tienne le coup en avion

Prendre l'avion fait tellement rêver… jusqu'à ce que le capitaine allume le voyant lumineux qui impose d'attacher sa ceinture et que votre jeune enfant qui vient d'apprendre à aller sur le pot annonce qu'il a un besoin urgent. Ou que ses oreilles se mettent à lui faire mal. Ou qu'il a besoin de bouger. Vous pouvez dire adieu à la vue par le hublot ou à la douce somnolence qui vous gagne. Prendre l'avion avec un jeune enfant n'a rien de relaxant.

Remarque : Prenez toujours des vêtements de rechange, des couches et de la nourriture dans votre bagage à main pour parer à des retards éventuels ou des bagages perdus.

Le travail préparatoire

- Parlez-lui à l'avance du comportement que vous attendez de lui en avion. Expliquez qu'il devra rester assis quand vous le lui direz.

- Décrivez la durée du vol avec des mots qu'il comprend : le voyage durera aussi longtemps que cinq épisodes de *Franklin.* Parlez-lui du signe qui demande d'attacher sa ceinture afin qu'il puisse le regarder s'allumer.

- Avant d'embarquer, défoulez-vous : gambadez dans l'aéroport jusqu'à ce que ce ne soit plus possible du tout.

- Si possible, installez l'enfant entre vous et votre conjoint ou faites-le asseoir près du hublot de façon à ce qu'il ne puisse pas s'échapper.

- Emmenez des jouets silencieux qu'il aime, des livres et des accessoires de coloriage pour faire passer le temps. De la pâte à modeler, des bâtons fluorescents ou une lampe de poche peuvent l'occuper pendant des heures. Donnez lui ses jouets les uns après les autres de façon à tenir plus longtemps.

- Si vous devez prendre un repas dans l'avion, demandez un menu pour enfant en réservant vos billets. Même s'il ne mange pas le contenu de son plateau, il devrait y avoir des emballages amusants ou un jouet pour le distraire.

- Pour atténuer la sensation de pression dans les oreilles au décollage et à l'atterrissage, faites tout pour que votre enfant suce et déglutisse. Vous pouvez aussi bien allaiter, avoir recours à une tétine, boire, manger, lui donner une sucette ou un chewing-gum, en fonction de l'âge de son âge.

- En embarquant, faites du charme au personnel de bord : leur aide sera utile si ça se corse. Restez poli avec vos voisins, leur patience peut également s'avérer utile…

ASTUCES

- Emportez un lecteur de CD ou un MP3 et des livres enregistrés pour s'occuper et danser à bord.

- Si vous avez un ordinateur portable ou un lecteur de DVD, ne partez pas sans le prendre. Si se servir de la télé comme d'une baby-sitter n'est pas une bonne technique d'éducation dans des circonstances normales, pendant le voyage l'écran pourra aider votre enfant à rester tranquille tout en étant heureux, ce qui est bien pour vous comme pour les autres passagers.

- À l'aide de couvertures, construisez une tente en les attachant au dossier du siège. La tente d'avion est un merveilleux endroit pour lire et pour jouer (emportez une petite lampe de poche), et cela peut même permettre à votre enfant d'oublier ce qui se passe « au-dehors », au point de s'endormir.

- Avec des feutres magiques et des sacs à vomi, créez votre spectacle de marionnettes d'avion privé.

Embobiner en deux mots

→ « Comme nous devons rester assis à notre place, veux-tu jouer à ------------ ou à ------------ ou lire ? »

→ « Nous ne pouvons pas encore descendre de l'avion. Veux-tu qu'on aille voir s'il y a des enfants avec qui tu pourrais jouer ou préfères-tu rester assis et dessiner ? »

RUSE N° 16

Vole, vole, vole, gros avion

Sur l'air de « Vole, papillon »

Vole, vole, vole, gros avion,
Emporte mes sacs et mes jouets.
Vole, vole dans le ciel bleu,
Et approche du soleil.
Vole, vole dans les nuages,
Demain je serai à la plage !
Vole, vole, vole, gros avion,
Et ramène-nous bientôt !

Les jeux des parents

Les noms des nuages

Essayez de reconnaître des personnages connus, des animaux, des gens, des formes, des lettres ou des chiffres dans les nuages. Faites-le tour à tour avec votre enfant. Dites-lui de faire cinq identifications dans le ciel et ensuite, c'est à vous de jouer.

Quand les enfants font de la résistance

Quand la situation devient désespérée et que vous avez fait tout votre possible pour calmer votre ange afin de prévenir une révolte des passagers, rendez-vous aux toilettes avec votre enfant. L'espace est réduit mais vous aurez l'avantage d'y trouver une certaine intimité.

Pour que votre enfant parle calmement

Voyons les choses en face : la plupart des enfants connaissent le pouvoir de leur voix. Peut-être est-ce parce qu'ils passent la première année de leur vie à ne communiquer qu'en pleurant ou en hurlant ? À moins qu'ils ne soient tout simplement pas capables de faire la différence entre les diverses tonalités. Quoi qu'il en soit, un jour ou l'autre, vous allez devoir trouver le moyen de calmer votre enfant.

Le travail préparatoire

- Votre enfant est plus disposé à crier quand il a envie d'attirer votre attention alors que vous êtes occupé. Aidez-le à comprendre que ce n'est pas correct de vous interrompre quand vous êtes en train de parler et qu'il doit simplement patienter ou vous demander ce qu'il a à vous demander d'une voix normale.

- Apprenez-lui la différence entre *doucement, normal* et *fort*. En murmurant, dites : « C'est comme ça parler doucement. » Demandez-lui de vous imiter. Ensuite, dites d'une voix normale : « C'est une voix normale. » Demandez-lui de répéter et ensuite, dites d'une voix forte :« Et ça c'est parler fort ! » Faites-le répéter. Répétez l'opération jusqu'à ce qu'il saisisse les différences. Vous pouvez même lui demander de chanter une chanson qu'il aime à voix basse, d'une voix normale, puis avec plus de puissance.

- Quand votre enfant crie, ne lui dites pas « d'arrêter de crier », dites : « Tu n'as pas besoin de crier. Je t'entends quand tu parles normalement. » Apprenez-lui à quels moments il faut parler doucement (par exemple, quand son frère fait la sieste), ou parler d'une voix normale (par exemple, au restaurant), ou parler fort (par exemple quand il a besoin d'aide).

ASTUCES

- Si vous lui parlez en murmurant, il devrait faire de même.

- Dites à votre enfant que vous ne répondrez pas à sa demande tant qu'il ne parlera pas normalement.

- Si vous êtes dans une situation où vous ne pouvez pas parler du tout, proposez-lui de faire un dessin de ce qu'il veut ou de le montrer.

Embobiner en deux mots

→ « Qu'est-ce que tu murmures bien ! Fais-moi voir comment tu murmures le plus doucement possible ? »

→ « Je sais que tu es capable de parler très fort ; mais est-ce que tu sais aussi parler très, très doucement ? »

RUSE N° 17

Les jeux des parents

Le jeu sans paroles

D'une voix calme, dites à votre enfant que vous allez jouer au « jeu sans paroles » et qu'il va devoir poser ses questions sans parler. Si, par exemple, il veut manger quelque chose, dites-lui de montrer ce qu'il désire puis de mimer l'acte de le manger. S'il veut lire un livre, dites-lui de le montrer puis de mimer l'acte de lire. Et ainsi de suite… Il gagne 1 point à chaque message muet qu'il parvient à vous transmettre, ainsi qu'un auto-collant (voir en fin de livre) tous les 10 points.

Quand les enfants font de la résistance

Ignorez-le jusqu'à ce qu'il parle normalement.

Pour que votre enfant arrête de pleurer

Différentes astuces peuvent être employées par les parents qui veulent que leur enfant arrête de pleurer, selon la cause des larmes. Il s'agit de trouver la technique adaptée au cas présent, selon s'il pleure parce qu'il s'est blessé, de frustration ou pour manipuler les autres. Changer le moyen de communication qui vient naturellement à votre enfant peut être difficile car, après tout, la première année de sa vie, voire plus, les pleurs étaient tout ce qu'il avait pour s'exprimer.

Le travail préparatoire

- Il ne faut jamais dire à un enfant d'arrêter de pleurer. Il vaut mieux l'encourager à vous dire ce qu'il veut ou ce qui le tracasse. La phrase traditionnelle des parents « Doucement, articule, sinon je ne comprends rien », si elle est banale, peut être d'un grand secours.

- Faites-lui comprendre que vous ressentez sa souffrance en reconnaissant la cause de son problème : « Je sais que tu avais très envie d'aller au parc mais il pleut » ; « Je sais que tu veux courir avec les ciseaux à la main mais ce n'est pas une bonne idée ! Tu pourrais te faire très mal ».

- Si les pleurs n'ont pas de véritable origine, il se peut que votre enfant soit en train d'exprimer une profonde fatigue ou sa faim.

ASTUCES

- Apprenez l'art de la diversion. C'est là que de nouveaux jouets, des marionnettes et d'autres objets d'amusement peuvent vous rendre service. Même un simple mais enthousiaste « Oh, regarde cet arbre ! » peut faire cesser des torrents de larmes. Si votre enfant pleure parce qu'on lui a pris quelque chose des mains, remplacez rapidement l'objet par un autre.

- Si votre enfant pleure à cause d'une blessure légère, faites semblant de punir l'objet qui a causé sa douleur : « Table basse ! Comment oses-tu faire mal à ma petite fille ? Tu vas t'excuser tout de suite ! »

- Si votre enfant présente une blessure moyennement légère (une bosse à la tête, un genou écorché), il est souvent possible de faire cesser les pleurs en rejouant « la scène du crime ». Cela peut faire passer au rire et apaiser les pleurs après avoir tout d'abord réconforté votre enfant. Faites semblant d'enquêter sur la cause de l'incident en disant : « Alors, comment es-tu tombée ? Tu étais en train de courir comme ça… » (Courrez en prenant le même chemin que votre enfant.) Quand tu as trébuché sur un bâton comme ça… (Faites semblant de trébucher puis de tomber.) Ensuite tu as pleuré comme ça… (Pleurez de façon exagérée et amusante.) » Cela devrait désamorcer la situation et faire rire votre enfant.

- Prenez-vous pour un comique qui rejoue l'incident avec humour en faisant comme si vous n'aviez pas vu la blessure : « Mon pauvre trésor ! Tu es tombé… Comment as-tu fait ça ? Oooohhh ! (Boum.) Aïe, ça fait vraiment mal ! » Il n'y a rien de plus drôle pour un enfant que de voir ses parents tomber.

Embobiner en deux mots

→« Est-ce que tu veux que j'aille parler au trottoir qui t'a fait tomber ? »

→« Veux-tu me raconter pourquoi tu pleures ou veux-tu que je devine ? »

→« Est-ce que tu t'es fait mal ou as-tu simplement peur ? »

Quand les enfants font de la résistance

Les glaces et les sucettes soignent tous les bobos.

Laissez-le pleurer. Parfois, les enfants ont simplement besoin de se calmer seul. Cela est particulièrement vrai quand ils pleurent sans raison apparente.

RUSE N° 18

Si tu es triste et que tu le sais...

Sur l'air de « Elle descend de la montagne ». En chantant cette chanson, faites de gros câlins et des bisous à l'enfant pour le réconforter. Cela peut le calmer et le distraire par la même occasion.

Si tu es triste et que tu le sais,
Il faut pleurer.
Si tu es triste et que te lu sens,
Fais « Ouin, ouin, ouin ! »
Si tu as mal et que tu sais où,
Frotte ton bobo !
Si tu as peur et que ça suffit,
Fais un câlin !
Si t'es colère ou chagriné,
Tape donc des pieds !
Si tu te sens tout fatigué,
Va vite t'allonger !
Si rien ne va et que ça t'énerve,
*Fais plutôt ça (*faites une grimace ou un geste rigolo*) !*

Pour que votre enfant arrête de pleurnicher

Pleurnicher ! C'est une technique de communication bien connue des enfants, et l'une des choses les plus agaçantes que doivent affronter les parents. Pourquoi les enfants font-ils ça ? En partie pour jouer avec vos émotions. Comme ils savent que vous réagissez à leurs pleurs, pleurnicher est une version plus modérée d'une solution extrême. Pour mettre fin à ses jérémiades, vous allez avoir besoin d'astuces pour vous aider à faire comprendre que geindre est inacceptable et qu'il y a de meilleures façons de demander les choses.

Le travail préparatoire

- Très tôt, apprenez à votre enfant à demander poliment les choses, que dire « s'il te plaît » est plus efficace que pleurnicher ou pleurer. Félicitez-le quand il s'y prend correctement : « Je te remercie de me demander aussi gentiment. »

- Les affirmations fermes ou les ordres sont en général inefficaces. Essayez de dire « Mon cœur, demande-moi. Tu sais que je n'aime pas te voir pleurnicher. » Comme toujours, lui demander de s'exprimer clairement peut être utile.

- Apprenez à votre enfant à être autonome : « Si tu veux quelque chose, va le chercher tout seul, si tu peux. »

- Ne réagissez pas avec colère ou frustration. Ce n'est que la version adulte du comportement auquel vous tentez de remédier.

ASTUCES

- Taquinez-le en geignant à votre tour. Dites : « Tu sais que je n'aime pas te voir pleurnicher. Et si je te demandais toujours de faire quelque chose en geignant ? (Prenez un ton pleurnichard.) Il faut qu'on y aille, tu devrais aller mettre ton manteau. J'aimerais beaucoup, beaucoup que tu mettes ton manteau… » La réalité de son comportement, doublée de l'absurdité des jérémiades de ses parents devraient l'aider à se rendre compte à quel point c'est idiot.

- Faites comme si ces pleurnicheries provenaient d'une petite bête qui fait des bruits : « Tiens, as-tu entendu ? Ce bruit qui ressemble à des pleurnicheries ? On dirait que ça vient de toi mais ce n'est pas possible… Tu sais demander les choses sans pleurnicher, toi. Je suis sûre que tu dirais "s'il te plaît" en demandant d'une voix normale. Alors il doit y avoir un veau ou un chiot quelque part. Dans ta poche, peut-être ? Voyons voir… » Le message devrait être clairement perçu.

Embobiner en deux mots

➜ « Je ne te comprends pas bien quand tu pleurniches. Répète en parlant normalement. »

➜ « Tu devrais peut-être essayer en chantant parce qu'en pleurnichant ça ne marchera pas. »

Les jeux des parents

Le bocal gagnant

Prenez un bocal que vous allez nommer « le bocal gagnant ». Pour impliquer votre enfant dans la préparation, demandez-lui de décorer l'étiquette.

Dans le bocal, placez dix ou vingt petits objets que votre enfant aime : des autocollants, des balles en caoutchouc, des animaux en plastique, etc.

Expliquez à votre enfant que, pour chaque jour qui passe sans pleurnicher, il pourra prendre un objet du bocal.

Remplissez le bocal à mesure que le niveau baisse.

Quand les enfants font de la résistance

Ne réagissez jamais à des pleurnicheries en cédant ou en baissant les bras simplement parce que vous êtes fatigué de les entendre : vous enverriez à votre enfant le message que ses jérémiades sont une manière acceptable d'obtenir ce qu'il veut. Ignorez-les jusqu'à ce qu'il se lasse de sa propre voix et qu'il arrête.

RUSE N° 19

Pour que votre enfant arrête de faire des colères

Presque tous les enfants entre 1 et 3 ans piquent des crises parce qu'ils cherchent à tester les limites de votre patience et de leur contrôle ou parce qu'ils ne peuvent pas exprimer toutes leurs émotions ou leurs frustrations par des mots. Donnez-leur les moyens de les formuler et ils feront de moins en moins de colères.

Le travail préparatoire

- Apprenez à votre enfant à exprimer ses sentiments avec des mots. Quand il fait une colère, dites : « Je ne comprends pas ce que tu veux quand tu pleures comme ça. Respire tranquillement et ensuite dis-moi ce qu'il y a. »

- Quand c'est possible, impliquez votre enfant dans la prise de décision. S'il ne peut pas décider de ce qu'il y a à faire, il peut décider de comment le faire. Par exemple, il ne peut pas décider s'il doit prendre un bain ou non mais il peut décider s'il veut du bain moussant ou quels jouets prendre avec lui.

- Quand vous changez d'activités, prévenez-le toujours. Comme les enfants n'ont pas le sens du temps, dire : « Nous partons dans 5 minutes » ne signifie pas grand-chose pour lui. Dites plutôt : « Nous partons à la fin de cette chanson. »

Remarque : Ne cédez jamais à une colère. Résister à une crise montrera à votre enfant que ça ne lui permet pas d'obtenir le résultat escompté.

ASTUCES

- Faites diversion : faites une grimace, faites semblant de tomber, effectuez une danse comique, tout ce que vous pouvez pour détourner son attention de ses misères.

- Si vous avez une marionnette ou une poupée à proximité, parlez à l'enfant par l'intermédiaire de la voix de la marionnette ou de la poupée. Pour un enfant, parler à l'un de ses « pairs » et lui expliquer ses tracas est plus facile et plus rassurant que de parler à l'un de ses parents.

- Changez de décor. Emmener l'enfant aux toilettes, à l'extérieur du magasin ou le ramener à la voiture peut l'aider à se calmer.

- Invitez-le à prendre plusieurs longues inspirations. S'il est très agité, faites-le respirer dans un sac en papier.

- À moins qu'il ne se comporte très mal (frappe, donne des coups de pied, jette des objets ou pousse des hurlements incontrôlables), faites de votre mieux pour l'ignorer.

Embobiner en deux mots

→ « Veux-tu rester encore un peu le temps de te calmer ou veux-tu partir tout de suite ? »

→ « Je ne comprends rien quand tu es comme ça. Veux-tu essayer de me dire ce qui ne va pas ou me le montrer ? »

Repose tout ça

Sur l'air de « Hit the road, Jack ». Chantez cette chanson dans le magasin (ou chez vous) tout en reposant les articles pris par votre enfant pendant les courses.

Repose tout ça,
Ne garde rien dans tes mains,
Allons,
Allons,
Allons,
Allons,
Repose tout ça,
Ne garde rien dans tes mains,
Allons !

Tu dis quoi ?
Repose tout ça,
À sa place, rangé,
Allons,
Allons,
Allons,
Allons !

Repose tout ça,
À sa place, rangé,
Allons !

Tu dis quoi ?
Oh, mon petit chou,
Je suis pas sympa :
Ta maman (ton papa) te dit non,
Tu ne gardes pas ça ;
Mais tu sais,
Si je dis non,
Nous devons tout reposer et y aller.

Youpi !
Repose tout ça,
Et ne me boude pas ,
Souris,
Souris,
Souris,
Souris !

Repose tout ça,
Ne me boude pas,
Et on y va !

Il était une drôle de fille

Sur l'air de « Il était un petit navire »

Il était une drôle de fille
Qui ne savait pas parler clairement :
Elle avait avalé ses mots
Et criait tout le temps
Ohé, ohé !
Ohé, ohé drôle de fille
La drôle de fille pique des crises.
Ohé, ohé drôle de fille
Tu veux qu'on t'écoute et ça ne marche pas !
Tu tapes du pied et on ne te voit même pas !

Quand les enfants font de la résistance

Ne punissez pas votre enfant quand il fait des colères. Il vaut mieux lui apprendre à avoir recours aux mots pour exprimer ses besoins et ses émotions plus clairement.

Pour que votre enfant repose un objet

Une fois qu'un enfant a entre les mains quelque chose qu'il voulait vraiment, vous allez avoir du mal à le lui faire lâcher sans ruser. Vous devez donc vous armer d'un éventail d'astuces et de diversions à employer pendant que vous faites vos courses ou que vous êtes chez des amis.

Le travail préparatoire

- À chaque fois que vous allez en courses, expliquez que vous devez payer, avec de l'argent, pour chaque objet que vous achetez. De cette façon, votre enfant ne pensera pas que tout est à disposition. Résistez à l'envie d'acheter des choses à votre enfant de façon impulsive. Vous voir faire ça lui ferait croire qu'il peut s'attendre à avoir quelque chose.

- Au lieu d'interdire à votre enfant de toucher des objets fragiles, autorisez-le à les tenir pendant une durée prédéfinie : « Oui, tu peux porter ce canard en céramique mais tu devras le reposer quand j'aurais fini de payer. » Cela l'empêchera de voir de tels objets comme des fruits défendus.

- Quand vous êtes dans un magasin avec votre enfant, gardez-le dans le chariot aussi longtemps que possible. De cette façon, vous pourrez contrôler plus facilement ses impulsions. Pendant que vous faites vos courses, laissez-le porter des articles que vous allez acheter. Ne le laissez pas courir partout en piochant des articles sur les étagères. Ces objets seraient perçus comme indispensables par votre enfant.

ASTUCES

- Apprenez l'art de l'échange : « Non, tu ne peux pas prendre ça mais tu peux tenir mon sac / ta poupée / tel objet à la place. »

- Pendant que vous faites vos courses, laissez-le prendre un objet à acheter en disant : « Tu peux choisir un petit jouet dans ce rayon. Lequel veux-tu ? » ou « Nous ne pouvons pas acheter ce jouet mais nous pouvons choisir un livre. Allons au rayon "livres" pour que tu puisses en choisir un ».

- Redirigez son attention : « Nous ne pouvons pas jouer avec ça pour l'instant mais plus tard j'aimerais beaucoup jouer à t'attraper. Veux-tu aller chercher un ballon pour jouer maintenant ? »

- Au lieu de lui enlever le jouet des mains, impliquez-le en le poussant à reposer l'objet ou à le rendre.

- Dites à votre enfant qu'il ne peut pas emporter cet article à la maison mais qu'en rentrant vous allez lui faire une « liste de cadeaux » sans oublier de mettre cet objet sur la liste. De cette façon, on saura quoi lui offrir pour son anniversaire.

Embobiner en deux mots

➜« Veux-tu reposer l'animal en peluche ou préfères-tu que je le fasse ? »

➜« Nous n'avons pas assez d'argent pour acheter ce --- mais tu peux choisir un --- à la place. »

Les jeux des parents

Où est-ce que ça va ?

Dites précisément à votre enfant ce que vous allez chercher au magasin et que vous n'allez rien acheter d'autre. Ensuite, proposez-lui de jouer à « Où est-ce que ça va ? ». Tout en déambulant dans les allées, votre enfant peut prendre jusqu'à trois objets qu'il pourra tenir pendant les courses. Dites clairement et dès le départ qu'il ne pourra pas les garder. Une fois que vous avez terminé vos courses, dites-lui : « Maintenant on va voir à quelle vitesse tu sais remettre ces objets à leur place. Te souviens-tu où ils étaient ? À vos marques, prêt, partez ! » Comptez les secondes en notant combien de temps il lui faut pour vous montrer où vont les articles. Mémorisez ce temps pour vos prochaines emplettes où vous le mettrez au défi de battre son record. Félicitez-le d'avoir correctement remis chaque objet à sa place, et faites-lui plaisir en le laissant payer à la caisse, en lui offrant un auto-collant ou une friandise.

Quand les enfants font de la résistance

Lui prendre un article des mains contre son avis provoquera à coup sûr une crise de colère. Il vaut mieux affirmer clairement (et sans colère) : « Je compte jusqu'à dix et tu reposes ça, d'accord ? » Cette méthode lui apprend simplement qu'il ne peut pas garder les objets plus longtemps que ça (et donnez-lui une durée qu'il puisse comprendre) ; et comme il se sent moins pressé et menacé, il ne répondra pas en piquant une crise.

RUSES POUR...
Les p'tits trucs du quotidien

Pour que votre enfant partage

Nous apprenons à nos enfants à partager comme si c'était la chose la plus naturelle du monde. Or, si partager était si naturel que ça, le monde ne serait-il pas différent ? C'est donc assez peu réaliste de croire qu'un jeune enfant va spontanément partager ses biens au quotidien. Cependant, un enfant doit savoir qu'on attend de lui qu'il partage, qu'il faut qu'il le fasse et que c'est même bénéfique. Les parents doivent être ceux qui montrent l'exemple.

Le travail préparatoire

- Lisez à votre enfant beaucoup d'histoires qui parlent de partage. Inventez-en quelques-unes. Faites-lui comprendre que, si c'est parfois dur de partager, le partage induit des récompenses (les félicitations des parents, s'amuser avec ses amis, etc.).

- À chaque fois que c'est possible, ayez les choses en plusieurs exemplaires (deux camions identiques, deux cahiers à dessin, deux poupées).

- Quand votre enfant partage, faites-en tout un plat. Félicitez-le encore et encore. Même s'il sait que c'est le comportement qu'on attend de lui, il doit être content de l'avoir fait.

ASTUCES

- Si un camarade de jeu vient chez vous, mettez de côté les « jouets spéciaux ». Demandez à votre enfant de choisir quelques jouets qu'il aurait du mal à prêter et respectez son choix. Rangez-les dans un placard et assurez à votre enfant que son camarade n'y aura pas accès. Cela amène à l'étape où vous allez affirmer avec fermeté que vous voulez le voir partager tout le reste. C'est une situation où on le laisse s'exprimer en premier pour ne plus lui donner le choix par la suite.

- Ne laissez jamais votre enfant emporter un objet qu'il refuserait de prêter à l'école ou chez un ami.

- Même si les enfants ont dû mal à assimiler le concept du partage, ils peuvent facilement comprendre celui du « chacun son tour ». :« En premier c'est Louis qui joue avec la guitare, et après ça sera ton tour. »

- Invitez-le à troquer, ce qui revient à se prêter des choses : « Pourquoi n'échangeriez-vous pas vos jouets ? Tu peux jouer avec la baguette magique et Martin peut jouer avec le camion de pompiers pour l'instant. »

- Gardez à disposition un lot d'autocollants ou une image sympa. À la fin de ce livre, vous trouverez deux pages d'autocollants utiles. Dites à votre enfant et à ses amis que vous êtes « la fée du partage ». Quand vous voyez quelqu'un partager, donnez-lui un autocollant ou une image pour montrer à tout le monde qu'il se comporte bien.

Embobiner en deux mots

➜« Ton ami prend-il les blocs de construction ou les poupées en premier ? »

➜« Quels jouets veux-tu emporter chez Camille pour partager avec elle aujourd'hui ? »

➜« Veux-tu prêter ton vélo à Jonah maintenant ou dans quelques minutes ? »

Les jeux des parents

Les jouets musicaux

Pour les enfants qui ont beaucoup de mal à partager, cette variante des chaises musicales peut rendre le concept plus amusant.

Quand la musique commence, on remet à chaque enfant un jouet avec lequel s'amuser.

Tout le monde s'assoit ou se met en cercle, jouant avec son jouet jusqu'à ce que la musique s'arrête.

Quand vous arrêtez la musique, les enfants posent leur jouet à terre et se déplacent d'un cran vers la droite.

De cette façon, tout le monde a une chance de jouer avec tous les jouets.

RUSE N° 22

Quand les enfants font de la résistance

Prouvez le bien-fondé de ce qu'éprouve votre enfant : « Je vois à la tête que tu fais que tu n'es pas content. C'est très difficile de prêter ses affaires et ça peut être frustrant. »

Identifiez le problème : « on dirait que vous voulez tous les deux le camion jaune mais Jane l'avait en premier. »

Donnez-leur deux choix (à moins qu'ils ne soient plus âgés et qu'ils puissent en trouver plein d'eux-mêmes) : « On pourrait faire chacun son tour ? En premier c'est Sophie qui va avoir le camion et Max peut jouer avec la voiture de police, et ensuite vous échangerez. Ou Sophie peut jouer avec la voiture de police et Max avec le camion, et ensuite vous échangerez. »

Si les enfants ne peuvent pas se prêter un jouet, prenez-le et encouragez-les à jouer avec autre chose. Si c'est un enfant en particulier qui pose problème, arrachant régulièrement un jouet des mains des autres, il devra être exclu du jeu. Si ce n'est pas joli à faire, ça a le mérite de marcher.

Pour que vos enfants cessent de se chamailler

Même dans nos familles de fiction montrées à la télé, il y a des moments de conflit. Carol et Mike Brady ont dû s'en mêler de temps à autres pour résoudre certaines prises de bec animées entre les petits Brady. C'est la même chose dans la vraie vie : les frères et sœurs, comme les amis, peuvent fréquemment se faire passer des mauvais quarts d'heure. Quand devez-vous faire l'arbitre ? Quand vaut-il mieux les laisser se débrouiller seuls ? Maintenir l'harmonie n'est pas chose facile, mais c'est le boulot pour lequel vous vous êtes engagés !

Le travail préparatoire

- Quand vous aurez décidé de vos règles de base, il faut vous y tenir. Essayez d'être constant dans vos interventions. N'allez-vous intervenir que dans les moments où la sécurité est en jeu ou voulez-vous être le médiateur de chaque conflit ? Aimeriez-vous que vos enfants aient besoin de votre aide pour régler la plupart de leurs problèmes ou préférez-vous qu'ils s'arrangent seuls ?

- Quand vos enfants viennent vous trouver, en général en pleurant ou en gémissant, se plaignant que « David ne me laisse pas tranquille » ou que « Kelly n'arrête pas de me dire que je suis un bébé », ne prenez pas les choses en main. Il vaut mieux apprendre à votre enfant à affronter seul la situation : « Tu devrais dire à David d'arrêter » ou « Tu devrais expliquer à Kelly ce que ça te fait ».

- Assurez-vous que l'enfant qui embête l'autre n'a pas simplement faim. Un niveau de glycémie faible peut provoquer des éclats de colère. Donnez-lui à manger si cette éventualité est probable.

ASTUCES

- Instaurez un « espace de coopération » ou une « zone neutre ». Dans cet endroit, tous les enfants sont obligés d'obéir à des règles de jeu qui ne sont pas négociables : respecter autrui, parler normalement, écouter les autres et ne pas se pousser ni se taper. La zone est magique et tous doivent suivre cette éthique forcée de « paix sur Terre et bienveillance pour tous ». Si un enfant n'arrive pas à suivre les règles de ce petit royaume magique, il doit quitter l'espace pour n'y revenir qu'une fois qu'il sera capable d'observer les indications. (Assurez-vous que les jouets les plus intéressants se trouvent à l'intérieur de l'espace de coopération.)

- Attribuez aux frères et sœurs des espaces qui n'appartiennent qu'à eux, en particulier s'ils partagent leur chambre au quotidien. Ils doivent savoir que, s'ils ont besoin de s'isoler, ils peuvent aller dans leur espace privé. Cet « espace privé » peut être un petit nid dans la maison (comme un placard, un coin, etc.), tant qu'il n'appartient qu'à eux.

- Si les choses tournent mal, déléguez les corvées. Donnez à chacun un « boulot », de préférence en les envoyant à des points opposés de la maison.

Embobiner en deux mots

→ « Veux-tu arrêter d'embêter ta sœur ou veux-tu sortir de la pièce ? »

→ « Est-ce que toi et ta sœur allez vous arranger tous les deux ou voulez-vous que je vous aide ? »

→ « Je sais que tu n'aimes pas qu'on t'embête alors que préfères-tu faire à la place ? »

Les jeux des parents

À la place de l'autre

Jouez à un jeu où, pendant un temps donné, chaque frère et sœur fera semblant d'être l'autre. Vous pouvez aller jusqu'à leur demander d'échanger leurs vêtements ou leurs chaussures pour faciliter le jeu de rôles. La règle essentielle est que se moquer de l'autre est strictement interdit. Le but du jeu est vraiment d'essayer d'imaginer ce que ça fait d'être à la place de l'autre. Donnez de nombreuses indications afin que chacun puisse saisir à quel point son comportement agaçant peut déranger l'autre.

Quand les enfants font de la résistance

Motivez-les pour aller jouer dehors. Si être à l'extérieur est tout sauf idéal, préparez-les au mieux et trouvez un endroit où ils puissent se défouler. Comme ni la nature ni les parcs n'appartiennent à quiconque, c'est un territoire neutre.

Pour qu'il participe aux tâches ménagères

Nous avons tous des corvées à effectuer. Elles nous donnent l'impression d'être un membre important de la famille et de la communauté. Pour les enfants, ce sentiment abstrait peut devenir une réelle source de fierté tant que vous les félicitez ou que vous les récompensez en conséquence.

Le travail préparatoire

- Expliquez pourquoi vous leur demandez d'effectuer ces tâches. Ce n'est pas pour les torturer, quoi qu'ils en pensent. Le but est de partager la charge de travail de la famille, offrir une occasion de contribuer à la vie familiale, aider à acquérir le sens des responsabilités et apprendre à réaliser des tâches ménagères.

- Vos demandes doivent être raisonnables. Ne vous attendez pas à ce qu'un enfant de 2 ans épluche les légumes (mais ne supposez pas non plus que celui de 5 ans ne peut pas le faire). Voici ce que les petits peuvent faire :

Entre 2 et 3 ans

- ❐ Ramasser les jouets et les mettre à leur place.
- ❐ Balayer.
- ❐ Mettre la table avec les serviettes, les assiettes et les couverts.
- ❐ Débarrasser son assiette à la fin du repas.
- ❐ Vider le lave-vaisselle (sauf les accessoires tranchants comme les couteaux).

À 4 ans

- ❒ Tout ce que le plus petit peut faire, plus :
- ❒ Nourrir les animaux domestiques de façon régulière.
- ❒ Aider au jardinage.
- ❒ Dépoussiérer les meubles.
- ❒ Préparer des céréales froides.
- ❒ Récupérer le courrier.
- ❒ Aider à faire la vaisselle et à remplir le lave-vaisselle.

À 5 ans

- ❒ Tout ce que le plus petit peut faire, plus :
- ❒ Faire son lit.
- ❒ Faire le ménage dans sa chambre.
- ❒ Nettoyer le lavabo, les toilettes et la baignoire.
- ❒ Plier le linge propre et le ranger.
- ❒ Aider à laver la voiture.
- ❒ Sortir les poubelles..

› Prenez le temps de lui apprendre à faire ce que vous lui demandez. Vos enfants ont envie de se sentir capables et compétents. Donnez-leur le moyen d'y parvenir. Avec les tâches ménagères, l'investissement de départ n'est rien comparé à ce qu'on reçoit sur toute une vie.

› Dans le but d'investir votre enfant dans les tâches ménagères et pour comprendre le besoin de les réaliser, demandez-lui de vous aider à réfléchir à la liste de tout ce qui permet de tenir une maison. Guidez-le pour trouver les corvées essentielles qu'il aurait oublié de citer : « Comment font tes vêtements pour passer de sales par terre à propres dans ton tiroir ? Comment tes jouets font-ils pour retourner dans ta caisse à jouets ? »

- Définissez un moment pour les corvées où tout le monde travaille en même temps. Cela permet de mieux superviser le travail et c'est également plus amusant.

ASTUCES

- Quand c'est possible, fournissez des ustensiles adaptés à l'enfant. Un petit balai et une petite pelle ou un petit râteau peuvent donner envie de faire des miracles.

- Ne parlez pas de « corvées » mais dites qu'il est « l'assistant de maman (ou de papa). » Un badge ou un chapeau pour l'aider à tenir ce rôle peut engendrer plus d'entrain.

- Quand c'est possible, travaillez en musique. Mettre le même album à chaque fois que vous effectuez une tâche donnée peut renforcer le message que c'est amusant et que l'heure est venue de bosser.

- Félicitez votre enfant et remerciez-le pour sa participation à la vie familiale.

- Employez « Dès que..., tu pourras... » pour vous assurer que les tâches soient effectuées. Par exemple : « Dès que tu auras fait ton lit, tu pourras aller jouer dehors. »

› Ayez recours à un tableau des tâches ménagères et à des récompenses. Chaque fois que l'enfant accomplit une tâche, il gagne un autocollant ou une étoile sur le tableau. Quand il aura atteint 5, 10 ou 15 étoiles (définissez le nombre dès le départ) il gagnera quelque chose. Il peut s'agir de n'importe quoi : d'un moment à faire ce qu'il veut avec ses parents, d'un nouveau jouet, ou d'une autre récompense qui lui fait plaisir.

Remarque : Si son travail n'est pas parfait, ne refaites jamais ce qu'il a fait devant l'enfant. Rectifiez son travail plus tard, ou faites appel à votre sens de l'humour. Si un enfant oublie de mettre les assiettes sur la table, faites semblant de servir le dîner directement sur la table. Votre enfant comprendra son oubli et s'en amusera lui aussi.

Embobiner en deux mots

→ « Veux-tu commencer par ranger tes jouets ou par faire ton lit ? »

→ « Je vais ramasser toutes tes chaussettes. Que veux-tu ramasser : tes pantalons ou tes tee-shirts ? »

→ « Veux-tu faire ton travail avant tes devoirs ou après ? »

→ « Quand tu auras effectué ta tâche ménagère, voudras-tu jouer à l'ordinateur ou regarder un DVD ? »

Je travaille à la maison

Sur l'air de « Le travail c'est la santé ». Chanter cette chanson en travaillant rendra le moment plus amusant.

Je travaille à la maison,
En famille c'est plus marrant.
Je travaille en chanson,
Pour aider papa et maman.

Je vois maman qui sourit,
Contente de me voir l'aider.
Je vois papa qui rigole,
Content de me voir l'aider.

Je travaille à la maison.
Je suis fier de vous aider.
J'aime ma famille et ma maison,
Alors je fais mon boulot !

Les jeux des parents

Pioche ton boulot

Ces jeux proposent un moyen simple et équitable de répartir les corvées entre les enfants de la famille ou entre les enfants et les adultes. Choisissez la version du jeu la mieux adaptée au style de votre famille et aux âges de vos enfants. Ces jeux garantissent que personne (en dehors des parents) ne se voie attribuer la même fonction pendant une longue période.

RUSE N° 24

La roue des corvées

- De 3 à 4 ans. Trouvez ou dessinez une image qui représente chacune des tâches collectives comme ranger les couverts ou mettre la table (excluez les tâches individuelles comme faire son lit si tout le monde doit faire le sien le matin). À partir d'une assiette en carton ou d'un disque découpé dans du papier épais, fabriquez une roue. Placez les représentations des tâches ménagères autour de la roue, sur le bord. Fabriquez une aiguille en carton qui puisse tourner et, à l'aide d'une pointe ,attachez-la au centre de la roue. Demandez à votre enfant de lancer l'aiguille pour déterminer la fonction qui lui revient pour la journée ou pour la semaine. Notez la répartition des corvées sur un tableau afin de ne pas les oublier et de motiver les troupes.

- De 4 à 6 ans. Inscrivez chacune des tâches sur un morceau de papier et placez ces bouts de papier dans une boîte pourvue d'un couvercle. (Personnalisez des boîtes distinctes avec des tâches adaptées à chaque âge si vous avez des enfants d'âges différents.) Une fois par semaine, chaque enfant pioche une ou deux tâches dans la boîte, définissant ainsi ce qu'ils auront à faire dans la semaine. Notez les tâches ainsi attribuées dans un tableau spécifique pour ne rien oublier.

Quand les enfants font de la résistance

Discutez des conséquences sans détour. Votre enfant doit savoir clairement ce qui lui arrivera s'il décide de ne pas mettre la table ou de ne pas faire son lit. Les conséquences simples, immédiates et naturelles sont les meilleures. Par exemple, si votre enfant ne range pas ses jouets en fin de journée, il ne pourra pas jouer avec eux le jour suivant.

Pour que votre enfant range

Avant d'avoir des enfants, vous disiez peut-être : « C'est le fouillis chez moi » quand il y avait deux assiettes sales dans l'évier. Désormais, « C'est le fouillis chez moi » signifie qu'il y a des jouets partout, que les bols du petit déjeuner rencontrent la vaisselle du dîner et que le linge sale menace de se révolter. Ayez des attentes raisonnables : avec des jeunes enfants, l'intérieur sera toujours un peu plus sale qu'avant et un peu plus en désordre. On peut malgré tout se demander comment intégrer l'enfant à une partie de la solution ?

Le travail préparatoire

- Autorisez votre enfant à ne jouer qu'avec quelques objets à la fois afin que le rangement soit plus facile.

- Créez une routine autour du rangement. Il peut avoir lieu après le dîner mais avant le dessert. Ou il peut se dérouler le samedi matin avant de commencer quelque chose « de plus marrant ». Quel que soit le moment que vous choisirez, restez régulier, trouvez un moyen de donner envie de le faire et commencez quand l'enfant est le plus jeune possible.

- Faites un tableau simple de ce que vous attendez du rangement. Montrez à votre enfant comment réaliser chacune des tâches avant de lui demander d'essayer de le faire. Faites une copie du tableau afin qu'il puisse rayer les tâches à mesure qu'elles sont effectuées.

- Avant de commencer le rangement, donnez un avertissement 5 minutes au préalable. Certains enfants ont besoin d'un compte à rebours.

- Soyez aussi précis que possible. Ne dites pas : « Nous devons aller ranger la salle de jeux. » Demandez à votre enfant de ranger les blocs de construction dans leur boîte et de ranger la boîte sur l'étagère, par exemple.

ASTUCES

- Si votre enfant va à l'école ou en garderie, renseignez-vous sur leurs habitudes de rangement et reproduisez-les à la maison. (dans la plupart des écoles, le rangement s'effectue à la fin de chaque activité.)

- Faites la course : au besoin, chronométrez le rangement.

- Si vous avez plusieurs enfants ou que vous avez l'intention d'effectuer le rangement avec un groupe d'enfants, demandez-leur de se mettre en ligne et de se passer les objets jusqu'à ce que chaque jouet arrive à sa place.

- Ne laissez pas les enfants sortir d'une pièce en désordre. Établissez une règle qui précise qu'on doit ranger la pièce que l'on veut quitter. Faites-en un petit mélodrame : fermez la porte et devenez le magicien qui jette un sort sur l'enfant et qui ne le laissera pas sortir tant que la pièce ne sera pas en ordre.

- Assurez-vous que chaque objet à ranger a sa place. Quand c'est possible, mettez des étiquettes sur les tiroirs et les boîtes avec des mots ou des images afin que le rangement soit également un moment d'apprentissage. Ayez une caisse pour laisser une place au hasard. Sans cela, certaines choses ne seront jamais rangées et d'autres ne seront jamais à leur place.

- Félicitez-le encore et encore, même s'il n'a rangé que quelques jouets.

Embobiner en deux mots

→ « Veux-tu ranger les blocs de construction ou les tubes de peinture ? »

→ « Veux-tu écouter de la musique pendant qu'on range ou veux-tu qu'on chante une chanson ? »

→ « Veux-tu ramasser les jouets ou préfères-tu les mettre à leur place ? »

La chanson du rangement

Sur l'air de « Passe, passera ». Chantez cette chanson et répétez-la jusqu'à ce que la pièce soit en ordre, que tous les jouets soient rangés et que vous ne puissiez plus la supporter !

Range, range, rangera :
Tout le monde doit ranger
Range vite ton …
Que la pièce soit en ordre !

RUSE N° 25

Les jeux des parents

La chasse au trésor rangé

Proposez à votre enfant de jouer à « la chasse au trésor ». Demandez-lui s'il peut trouver tous les jouets orange et rangez-les. Ensuite, passez à tous les jouets qui ont des roues, aux animaux, à tout ce qui fait du bruit et ainsi de suite jusqu'à ce que tout soit rangé. Le « prix à gagner » peut être un autocollant, une friandise ou l'autorisation de quitter la pièce.

Quand les enfants font de la résistance

Après avoir donné à votre enfant une chance de ranger ses affaires et qu'il ne l'a pas fait, placez le fatras dans une boîte. Pour que votre enfant puisse récupérer ses affaires, il devra effectuer une tâche supplémentaire dans la maison. N'en faites pas une punition. Présentez cette démarche comme une chose à faire pour que tout se passe bien à la maison.

Faites le tri. Passez les jouets en revue avec votre enfant. Jetez ceux qui sont cassés. Partagez-en quelques-uns avec des enfants qui n'ont pas beaucoup de jouets (par exemple, en les donnant à une association). Faites de ce moment une leçon de partage et de reconnaissance, et réduisez en même temps le volume du fouillis éventuel.

Pour que votre enfant éteigne la télé

De nombreux parents pensent que la télé est la racine du mal. Selon eux, la télé ramollit la cervelle de nos enfants. Cependant, il y a des moments où la télé tient une place importante, comme un troisième parent. Nous n'en sommes pas fiers mais nous le faisons tous. Parfois, c'est utile. Quand l'heure d'éteindre la télé arrive, ou qu'on veut changer de chaîne, on peut avoir recours aux astuces suivantes...

Le travail préparatoire

- Avant d'allumer la télé, définissez une durée limite à passer devant. Installez une minuterie pour que tout soit clair ou dites : « Tu peux regarder une seule émission et c'est tout. »

- Songez à limiter ce que votre enfant regarde à la télé à des vidéos, des DVD ou à des émissions enregistrées. Eliminez les publicités et autres programmes commerciaux qui le convaincraient qu'il a besoin de nouveaux produits de consommation. De plus, la durée limitée de ces émissions vous permettra de mieux contrôler ses habitudes.

- Si votre enfant est un mordu de télé, songez à acheter quelques-uns des nombreux livres pour enfants qui sont animés ou qui ont été adaptés en vidéos. Si ce n'est pas aussi actif que la lecture, c'est toujours mieux que les publicités.

- Ne laissez pas votre enfant manger devant la télé. Cela crée une association avec les repas qui serait difficile à rompre.

- Enfermez votre télé dans un meuble, à l'écart du salon, de la pièce où joue votre enfant ou de la chambre. Fermez le meuble quand ce n'est plus l'heure de regarder la télé. Loin des yeux, loin du cœur !

Astuces élémentaires

- Préparez tout pour passer à une autre activité au moment d'éteindre la télé. Plus il y a de temps libre, plus il y a de place pour se plaindre. Employez les dernières minutes de l'émission qu'il regarde à le préparer pour la suite : « Tu te souviens, quand ton émission est terminée, on passe à table. Que veux-tu boire ? » ; « Veux-tu que je prépare la peinture aux doigts ou les aquarelles pour après ? ».

- Si vous devez sortir, enfilez-lui son manteau pendant qu'il regarde la fin de son émission.

- Si possible, laissez-lui la responsabilité d'éteindre la télé. Dites-lui que c'est ce que font « les grands ». Ne lui montrez pas comment la rallumer. Si votre enfant l'éteint seul, offrez une récompense.

- Dites à votre enfant que la télé est fatiguée et qu'elle a besoin de se reposer jusqu'à demain.

- Quand vous avez beaucoup de mal à lui faire éteindre la télé, faites appel aux problèmes techniques. Mettez une chaîne qui montre un écran vide (cela peut en général se réaliser en changeant de chaîne sur l'appareil et non pas sur le décodeur ou la boîte numérique). Dites à votre enfant que vous ne savez pas ce qui se passe. « On dirait qu'il faut l'éteindre », pouvez-vous préciser.

Embobiner en deux mots

→« Veux-tu éteindre la télé ou est-ce que c'est moi qui le fais ? »

→« Quand cette émission sera terminée, veux-tu grignoter quelque chose ou jouer ? »

→« Je compte jusqu'à 10 et il faudra éteindre la télé. Veux-tu compter à ma place ? »

Dodo, la télé

Sur l'air de « Dodo, l'enfant do »

Bonne nuit, la télé ;
La télé dormira bien vite.
Dodo, la télé,
Je vais t'éteindre bientôt.

Les jeux des parents

Trouve la télécommande

Quand votre enfant regarde ailleurs, cachez la télécommande dans la pièce où se trouve le téléviseur. (il y a des chances pour qu'il soit tellement accaparé par son émission qu'il ne remarquera pas votre subterfuge.) Faites-lui savoir que celui qui trouve la télécommande pourra éteindre la télé et recevra une petite récompense. Si vous n'avez qu'un seul enfant, encouragez-le à battre son record.

Quand les enfants font de la résistance

Quand tout a échoué, dites à votre enfant que la télé est cassée. Débranchez-la quand il regarde ailleurs. Dites que le réparateur viendra très tard dans la soirée.

Pour que votre enfant joue seul

Jouer est l'activité essentielle de tous les enfants. Ça leur permet de s'amuser, de se mêler aux autres, de faire de nouvelles expériences et d'apprendre des choses. Comment se fait-il qu'ils ne veulent pas jouer sans vous ? Certains le font : ceux qui sont d'un genre agité et qui se délectent de leurs moments de solitude au milieu du fatras de jouets. Cependant, il est possible que votre enfant ne soit pas de ce type-là. Il est possible qu'il réclame en permanence votre attention, votre participation, de s'amuser avec vous. Pour qui se prend-il ? votre personne à charge ?

Le travail préparatoire

- Le secret pour faire en sorte que votre enfant ait plus de chances de jouer seul à n'importe quel moment est d'avoir des attentes réalistes. Si vous pensez que vous allez préparer un repas entrée-plat-dessert, faire la lessive, rédiger une dissertation et partager les nouvelles du jour avec un collègue, vous risquez d'être déçu. Soyez heureux si vous obtenez un petit moment à vous.

- Chaque fois que votre enfant joue seul, même si ça ne dure pas longtemps, affirmez avec insistance qu'il est en train de faire quelque chose de formidable, « comme un grand ».

- Assurez-vous qu'il a des jouets pour s'amuser partout dans la maison.

- S'il arrive à votre enfant de jouer tout seul, faites attention aux jouets qu'il choisit. Va-t-il naturellement vers le dessin, les petites voitures, ou les blocs de construction ? Quand vous voulez que votre enfant joue seul, ayez ces jouets à portée de mains.

ASTUCES

- Encouragez votre enfant à jouer à ce que vous avez l'intention de faire. Si vous voulez préparer le dîner, faites de la table de la cuisine son « espace de cuisine » en lui donnant un saladier, des ingrédients (il va falloir lui céder du riz ou de la farine pour l'occuper) et des tas d'ustensiles. Si vous voulez travailler sur l'ordinateur, installez-le devant une vieille machine à écrire ou une boîte à chaussures que vous aurez transformée en machine.

- Mettez de la musique. Cela adoucit les mœurs de la bête sauvage et distrait l'enfant.

- Installez un espace « pour tester les jeux » avec entre cinq et dix jouets pour qu'il s'amuse seul. Expliquez que vous voulez qu'il joue avec chacun de ces jouets pour choisir celui qu'il préfère.

- Dites à votre enfant que vous avez du travail à faire mais que vous voulez bien commencer à jouer avec lui à ce qu'il veut. Ou, avant de le laisser jouer seul, accordez-lui un temps défini en lisant une histoire ou en chantant une chanson.

- Fabriquez une tente ou un fort pour votre enfant. Les gamins adorent passer à l'intérieur en rampant. L'isolement que fournit l'espace du fort l'empêchera de remarquer que vous ne jouez pas avec lui. À l'intérieur, placez des tas de livres et de jouets et donnez-lui une lampe électrique pour mieux explorer l'espace.

- Fixez à votre enfant un but précis à accomplir en jouant, qui lui prendra un peu de temps : « Pourrais-tu me construire un château ? Le plus haut possible, d'accord ? » ou « Sais-tu dessiner mamie ? »

Embobiner en deux mots

➜« Si tu veux, tu pourrais apprendre à ton frère / à la poupée / aux peluches comment jouer à.... »

➜« Tu dois jouer seul un instant. Veux-tu que je t'installe le matériel pour dessiner ici ou là ? »

➜« Je dois préparer le dîner mais je vais te lire une histoire. Préfères-tu que je te lise un livre avant ou après ? »

Les jeux des parents

le parcours des aires de jeux

Transformez la pièce en parcours ponctué de divers aires de jeux, avec à chaque point quelque chose que votre enfant doit réaliser. Expliquez-lui que l'objectif n'est pas de tout faire au plus vite mais de bien les réaliser. Voici quelques suggestions d'aires de jeux :

- l'aire de la pâte à modeler ;
- l'aire des Lego ;
- l'aire de la peinture ;
- l'aire des jeux d'eau (avec des bols, des bassines, des bateaux, des canards) ;
- l'aire de la chanson (avec de la musique et un micro).

Assurez-vous de créer un parcours avec des barrières qu'il doit enjamber ou sous lesquelles il doit passer pour atteindre l'espace suivant.

Quand les enfants font de la résistance

Pour que ces ruses fonctionnent, vous devez vous préparer à ne pas être disponible pour jouer en permanence. Informez votre enfant que vous êtes occupé et que son rôle est de jouer. Dites-lui que vous jouerez avec lui plus tard et qu'il doit commencer sans vous. Si vous lui dites que vous allez venir voir si tout va bien dans quelques minutes (utilisez un chronomètre au besoin), faites ce que vous dites afin de donner plus de poids à votre parole.

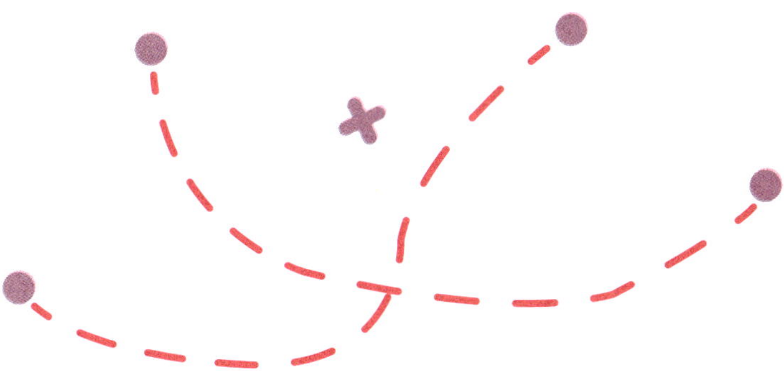

RUSES POUR…
Les repas et le coucher

Pour que votre enfant mange

Quand il est question de nourriture, les enfants sont fourbes. Un soir, ils engloutissent tout le gratin de pâtes et on dirait qu'ils n'ont rien mangé de la journée. Le lendemain, on dirait qu'ils viennent de boire une bouteille de vin bon marché. Ils recrachent tout sans faire plus de manières. Peut-être est-ce parce que manger (ou ne pas manger) est le sujet sur lequel les enfants peuvent exprimer une résistance active ? On peut les obliger à s'habiller, à monter en voiture ou à prendre leur bain à grand renfort de fermeté et de volonté, mais s'ils ne veulent vraiment pas manger, on ne peut pas les contraindre à avaler de la nourriture.

Le travail préparatoire

- Donnez à votre enfant le choix de ce qu'il mange. Si cela n'offre aucune garantie, il y aura plus de chances pour qu'il mange un repas qu'il a demandé.

- Ne vous battez pas quand il s'agit de nourriture. Votre enfant ne va pas se laisser mourir de faim. Quand vous aurez assimilé cette notion, laissez-le décider s'il a faim ou non.

- Emmenez votre enfant au rayon « vaisselle » et laissez-le choisir son set de table, son bol, son assiette, sa fourchette, sa cuillère et son gobelet. S'il les a choisis lui-même, il aura plus envie de s'en servir.

- Souvenez-vous que la plupart des enfants ont une capacité de concentration qui ne dure pas longtemps : 15 minutes maximum. Si le repas doit durer plus longtemps que ça, vous allez devoir le distraire. Négociez un arrangement : tu manges et je lis.

- C'est une mauvaise idée de manger devant la télé mais écouter de la musique pendant le repas convient tout à fait. Laissez votre enfant choisir ce qu'il a envie d'écouter.

- Proposez-lui de goûter aux aliments pendant que vous cuisinez, en lui disant que vous avez besoin de son avis pour savoir si le repas est bon.

- Demandez-lui de tenir le minuteur de la cuisine en lui donnant la responsabilité de vous prévenir quand il sonne.

- Quand le repas est prêt, demandez-lui de vous aider à servir ou à mettre la table. Il se sentira utile et fier – ce qui lui donnera plus envie de manger son repas.

- Si votre enfant insiste pour avoir de la glace ou des gâteaux, ou un autre dessert comme dîner, trouvez un compromis. Parfois, proposer « le dîner en premier et la glace après » ne marche pas. Si votre enfant est du genre raisonnable, essayez de suggérer la formule « Une cuillère de ton plat, une cuillère de glace ».

- Ne lui donnez pas à manger loin de la table, debout, dans le bain, assis sur vos genoux avant d'aller se coucher. Si picorer (avaler une bouchée de-ci de-là tout en courant dans toute la maison) permet de lui faire ingérer de la nourriture, ça ne lui apprend pas les bonnes manières de table.

ASTUCES

- Donnez à la nourriture des formes amusantes : en carré, en triangle, en rond, en étoile. Utilisez un couteau à découper les gâteaux pour plus d'efficacité.

- Présentez la nourriture de façon amusante, en lui donnant par exemple la forme de ses personnages préférés, d'animaux, de visages ou des scènes.

- Renommez la nourriture. Soyez créatif : les brocolis ne sont pas des brocolis mais des « bébés arbres ». Les nuggets de poulet ne sont pas des nuggets de poulet mais des « rochers croustillants ». Voici d'autres suggestions :
  - carottes (découpées en rond) : des « soleils orange » ;
  - carottes (coupées en bâtonnets) : des « baguettes magiques » ;
  - purée de pomme de terre : de « la boue blanche » ;
  - choux-fleurs : des « bébés arbres blancs » ;
  - salade : de « la nourriture à lapins » ;
  - bâtonnets de poisson : des « cannes à pêche ».

- Servez la nourriture avec originalité sans vous contenter de la mettre dans l'assiette. Donnez des fruits en brochettes (apprenez-lui à enlever les morceaux à la main) ou construisez une cabane de bûches de carottes. Faites preuve d'imagination.

- Servez des petites portions ou des bouchées faciles à manger. Les portions trop grosses, qui ont besoin d'être coupées ou croquées, peuvent être difficiles à manier et cela lui donnerait plus envie de jouer avec la nourriture (ou de la mettre à côté de l'assiette) que de la manger.

- Proposez à votre enfant de vous aider à préparer le repas. Donnez-lui un tablier ou une toque de cuisinier. Demandez-lui de vous tenir les ustensiles, de touiller, d'assaisonner (donnez-lui des sauces prédosées). Faites-lui appuyer sur les boutons des appareils que vous employez (le mixer ou le grille-pain).

- Jouez à faire des vœux. À chaque bouchée qu'il mange il peut faire un vœu.

- Faites appel aux services d'une marionnette. Donnez-lui à manger en mettant une marionnette à votre main. Ce phénomène est étonnant : les enfants obéissent souvent aux demandes d'une marionnette alors qu'ils refusent les vôtres.

Embobiner en deux mots

→« Pendant que nous mangeons, veux-tu que nous lisions une histoire ou que nous en racontions une ? »

→« Laquelle de tes peluches allons-nous inviter à déjeuner aujourd'hui ? »

→« Veux-tu manger des pâtes ou une salade de fruits en premier ? »

Les jeux des parents

Je vais manger ton…

Ce jeu s'appuie sur la possessivité naturelle des enfants ; et même s'il n'encourage pas à partager, il peut lui donner envie de manger par réflexe défensif.

Dites à votre enfant que vous allez manger un de ses aliments (visez un morceau de viande ou de légume, quelque chose qu'il mangerait volontiers).

Avancez lentement votre fourchette vers son assiette.

Si votre enfant est possessif comme tous les autres enfants, il dira quelque chose comme : « Non ! C'est à moi ! » Ensuite, il s'emparera de l'aliment pour l'engloutir au plus vite.

Posez sur votre enfant un regard idiot et déçu, ou qui exprime une surprise exagérée afin de vous garantir un éclat de rire.

Variante : Dites à votre enfant que vous aimeriez qu'il vous donne à manger et ouvrez grand la bouche. Dites-lui qu'on n'a pas le droit de tricher et qu'il ne peut pas faire semblant de vous donner cet aliment pour le mettre dans sa bouche. N'importe quel enfant fera ce que vous lui dites de ne pas faire et sans traîner ! Une autre bouchée sera ensuite avalée, qu'on espère bientôt suivie par d'autres.

Quand les enfants font de la résistance

Détendez-vous ! Ne faites pas des repas un combat. Les enfants ne dépériront pas.

RUSE N° 28

Trois p'tis brocolis

Sur l'air de « Trois petits minous ». Vous pouvez insérer n'importe quel aliment à la place de *brocolis*, et bien sûr modifier le nombre qui l'accompagne en fonction de vos besoins.

Trois p'tis brocolis,
Brocolis, brocolis,
Sont posés dans l'assiette,
Attendent d'être mangés.
On en a dévoré un et puis l'assiette est vide :
Bye-bye, brocolis,
Je vous ai tous mangés !

Trois p'tis brocolis
Étaient posés dans l'assiette
Ont sauté dans la bouche,
Miam, miam, que c'est bon !
J'en veux encore, maman !

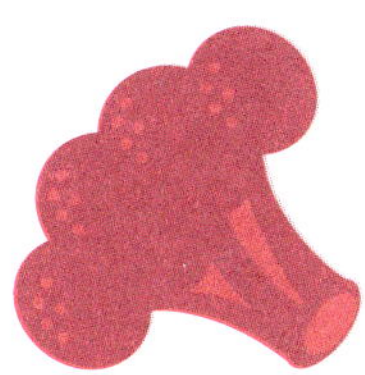

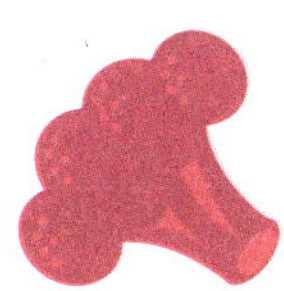

Pour que votre enfant prenne son bain

On dit que le chemin de la sainteté passe par la propreté. De toute évidence, la plupart des enfants ne sont pas au courant. Certains détestent le contact de l'eau. D'autres n'aiment pas avoir le visage mouillé ou qu'on leur frotte les orteils. D'autres estiment que l'heure du bain est le moment idéal pour tester leur indépendance. Que le vôtre appartienne à l'une ou à l'autre de ces catégories, un enfant doit se laver régulièrement, que l'eau lui arrive au nombril ou sous les aisselles.

Le travail préparatoire

- Vérifiez que l'eau ne soit pas trop chaude. Il vaut mieux un bain trop froid qu'un bain qui ébouillante. Votre enfant doit tester la température avant toute chose.

- Apprenez à votre enfant à ouvrir et à fermer les robinets (répétez avec insistance qu'il faut qu'un adulte soit avec lui à ce moment-là) et laissez-le faire couler son bain. Qui n'aime pas avoir l'impression de maîtriser les choses ?

- Achetez un vaste éventail de jouets de bain, de préférence avec l'aide de votre enfant. Des serviettes et des gants fantaisie, des canards, des bateaux ou des poissons en plastique. De la peinture ou des crayons de bain plaisent toujours.

ASTUCES

- Pour éviter la monotonie, variez l'heure du bain : à 11 h du matin un samedi pluvieux, à 16 h un mercredi de neige, ou à 14 h un dimanche de forte chaleur. Pourquoi ne pas prendre un bain tout de suite ? Pour un enfant, c'est farfelu de prendre un bain à une heure inhabituelle. Ça frôle l'interdit et l'instant devient plus agréable. Jouez avec le fait qu'aucun autre enfant ne prend son bain au même moment que lui.

- N'appelez pas ça « prendre le bain » mais « nager ». Remplissez plus la baignoire qu'en temps normal. Offrez des lunettes de plongée et des palmes aux participants volontaires. Apprenez à votre enfant à faire des bulles en soufflant dans l'eau, à barboter comme un chien, à faire la planche. Les études montrent que le bain est un excellent moyen d'habituer les enfants à l'eau, augmentant leurs chances de bien nager en grandissant. Les jeunes bébés peuvent flotter sur le dos et faire des mouvements de brasse avec les jambes, avec votre aide.

- Avec la participation de votre enfant, donnez le bain à un jouet de bain. Demandez-lui de préparer la poupée ou l'animal pour le bain et de sortir sa serviette et son gant ainsi que son pyjama pour l'habiller ensuite. Demandez à votre enfant de s'assurer que la température convient à son jouet, de le laver et de lui apprendre à ne pas avoir peur de l'eau.

- Souvenez-vous que c'est plus amusant de prendre un bain plein de mousse que sans mousse. Vous pouvez même prendre un flacon pour faire des bulles dans le bain, pour ajouter de l'effet.

Embobiner en deux mots

→« Veux-tu prendre un bain ou une douche ? »

→« Veux-tu te laver ou veux-tu que je te lave ? »

→« Veux-tu te laver avec le gant violet ou avec le gant en forme de coccinelle ? »

→« Veux-tu de la mousse dans ton bain ou nager dans ton bain, ce soir ? »

L'araignée Gypsie

Il existe de nombreuses chansons relatives aux joies de l'eau. Faites vos vocalises et lancez-vous dans votre meilleure interprétation de « Maman les p'tits bateaux » ou de « Bateau sur l'eau ». Vous pouvez également essayer cette adaptation aquatique d'un classique, savon en main, tout en faisant les gestes.

L'araignée Gypsie
Monte sur ta jambe.
Voilà que l'eau coule :
Te voilà lavé.
Mais la serviette va sécher ton corps.
L'araignée Gypsie
Tombe dans le bain et dit :
« Tiens voilà de l'eau !
Il faut vite me frotter moi aussi ! »

Adapter les paroles à chaque partie du corps.

RUSE N° 29

Les jeux des parents

La soupe du bain

Encouragez votre enfant à concocter une soupe dans le bain. Autorisez-le à fouiller dans vos placards pour prendre quelques ustensiles de cuisine (entre trois et cinq) pour les plonger avec lui dans le bain. Des cuillères en bois, des bols, un fouet et des gobelets de mesure en plastique font tous de formidables jouets de bain qui permettront à votre chef en herbe de cuisiner des soupes et des soufflés dans le bain. À ce propos, c'est délicieux une soupe de bain !

Variante : Suggérez à votre magicien ou à votre fée de vous faire une potion magique ou un philtre dans le bain. Il ou elle peut vous en arroser un peu – et demandez-lui en quoi vous allez vous transformer. Devenez l'objet stipulé.

Quand les enfants font de la résistance

Prenez le bain avec votre enfant, en restant habillé. La simple absurdité de la situation devrait le faire rire et lui donnera envie de sauter dans l'eau à son tour.

Pour que votre enfant se lave les cheveux

Arrive un moment dans la vie d'un enfant où il doit se laver les cheveux. Au moins deux fois par semaine. Pour ceux qui préfèrent le look cheveux gras et plaqués, il faut trouver des trucs…

Le travail préparatoire

- Emmenez votre enfant au magasin en le stimulant pour qu'il s'amuse à choisir ses premiers soins de cheveux. Il peut sentir les différents produits proposés avant d'en choisir un. Assurez-vous qu'il s'agisse d'un shampooing pour enfants qui ne pique pas les yeux.

- Faites l'éloge du cheveu propre. N'oubliez surtout pas de préciser que ça sent bon et que ça fait du bien.

- Apprenez à votre enfant à mettre la tête en arrière de façon à éviter d'avoir de l'eau dans les yeux. Commencer par montrer sur une poupée ce qui arrive quand on ne met pas la tête en arrière peut aider à faire passer le message.

- Autant que possible, laissez votre enfant choisir le déroulement du shampooing : « Veux-tu te laver avec ce shampooing ou avec l'autre ? » ; « Pour te rincer les cheveux, veux-tu que je me serve d'une tasse ou d'un bol ? » ; « Veux-tu te laver les cheveux rapidement ou lentement ? ».

- Laissez-le se laver les cheveux tout seul, avec votre aide bien sûr. Donnez-lui une petite noisette de shampooing, apprenez-lui à frotter et à faire mousser, puis aidez-le à rincer tout seul.

ASTUCES

- Qui n'aime pas se faire masser le cuir chevelu ? Même les plus petits peuvent apprécier ce plaisir. Servez-vous de cette note de douceur pour faire du shampooing un moment positif.

- Apprenez à votre enfant à tenir un gant devant son visage (les mains sur les tempes) pour éviter que l'eau ne coule dans ses yeux.

- Faites une sculpture de shampooing. Gardez un miroir à portée de main pour lui montrer à quoi il ressemble avec du shampooing sur la tête. Donnez-lui une forme en pointe : une crête, des cornes, ou tout ce qui vous vient à l'esprit. Ensuite, c'est son tour d'essayer.

- Lancez le « cheveu 500 » : globalement, il s'agit du jeu de « Voyons avec quelle rapidité nous pouvons te laver les cheveux ». La compétition empêche les enfants de voir qu'il s'agit d'une ruse et les cheveux sont lavés sans tarder. Comptez à voix haute et notez le temps effectué afin de « battre son record » la fois suivante.

Embobiner en deux mots

➜« Veux-tu te laver les cheveux ou veux-tu que je le fasse ? »

➜« Veux-tu tenir un gant devant tes yeux ou veux-tu seulement fermer les yeux pendant que je te rince les cheveux ? »

➜« Veux-tu que je te mouille les cheveux avec un gobelet ou au robinet ? »

Je vais me laver ces cheveux cra-cra

Sur l'air de « La danse des canards ». Chantez cette chanson en lui lavant les cheveux, en demandant à votre enfant de suggérer ce que vous devez lui ôter de la tête pendant ce temps-là (ces bébêtes, ces coccinelles, cette bouillasse, ces petits chiots, etc.).

Je vais me laver les cheveux.
Je vais frotter très, très fort
Et rincer avec l'eau propre
Mes cheveux cracra.
Je vais me laver la tête
Et enlever ces sales ------- !

Les jeux des parents

La lavage avec un bras

Vous comme votre enfant devez faire comme si l'un de vos bras était coincé ou collé à votre flanc. Vous devez donc vous aider mutuellement pendant le shampooing. Vous versez le shampooing dans sa main et il le met dans ses cheveux. Vous frottez ensemble. Il ouvre le robinet, vous remplissez le gobelet et vous versez l'eau pendant qu'il se protège les yeux et penche la tête en arrière tandis que vous rincez.

Le jeu de la cascade

Faites semblant d'avoir trouvé une jungle secrète avec une énorme cascade. Vous remplissez des gros bols d'eau et vous les videz dans le bain comme s'il s'agissait d'une grosse cascade. Votre enfant peut passer sous la cascade pour se rincer la tête. Invitez-le à décrire la cascade et le lac, les arbres, les oiseaux et tous les animaux qui vont se baigner dans les cascades.

Quand les enfants font de la résistance

Parfois, les enfants ont réellement peur d'être savonnés. Voyez si le vôtre a peur ou s'il n'a simplement pas envie de se laver les cheveux. S'il a peur, essayez d'en savoir plus. Est-ce par crainte d'avoir du shampooing dans les yeux ? Assurez-lui que le shampooing qu'il a choisi ne pique pas les yeux (en vous assurant que c'est le cas au préalable). Quel que soit son souci, trouvez-en la cause et dissipez-le.

Pour que votre enfant aille au lit

« Bonne nuit, mon cœur », dites-vous à votre petit alors qu'il s'éloigne vers sa chambre, enfile son pyjama et se glisse dans les draps pour se coucher. Ah, si seulement ça se passait comme ça ! Peut-être que ça arrivera quand il sera adolescent, vous dites-vous. En attendant, vous allez devoir l'aider à atteindre son lit tous les soirs.

Le travail préparatoire

- Tout est affaire d'habitude. Cela ne signifie pas nécessairement que vous deviez rentrer à la maison tous les soirs à la même heure ni que vous deviez dormir dans le même lit toutes les nuits. Par contre, cela implique que, où que vous soyez, quel que soit le jour, la même routine doit être observée (par exemple, mettre son pyjama, se brosser les dents, aller aux toilettes, lire une histoire, aller au lit). Imaginez le rituel du coucher comme un train, sans marche arrière possible. Vos enfants savent qu'une fois qu'ils sont montés dans le train, ils ne pourront pas faire marche arrière. Votre boulot consiste à installer le train et à le faire quitter la gare.

- En début de soirée, tracez le chemin et suivez-le scrupuleusement. Si vous lui dites le nombre précis de livres qu'il peut lire, comptez-les pour vérifier qu'il a pris le nombre exact. Si vous lui dites que vous ne reviendrez pas le voir pour dire bonne nuit une autre fois ou pour lui chanter une autre chanson, ne retournez pas le voir, même s'il hurle de toutes ses forces.

- Ayez toujours un temps d'avance sur votre enfant. Les enfants sont formidables quand il faut trouver des raisons de ne pas aller se coucher. Anticipez ses barrages. Prévoyez de l'eau à côté du lit. Fermez la porte du placard. Allumez une veilleuse. Assurez-vous que son ours en peluche soit à sa place dans le lit.

ASTUCES

- Laissez votre enfant choisir son pyjama et apprenez-lui à le mettre tout seul (ne serait-ce qu' en partie). Cela devrait l'aider à montrer moins de résistance au processus.

- Laissez-le choisir sa couverture ou son oreiller.

- Dressez un répertoire de méthodes créatives qui le font aller physiquement au lit : « en passant par la cave » (par le côté du lit en se glissant sous les couvertures), « par-dessus les nuages » (s'envoler pour atterrir sur l'oreiller), ou « sauter jusqu'à la lune » (en faisant semblant de sauter dans le lit, avec votre aide) sont des moyens d'aller se coucher en s'amusant.

- Si votre enfant dort dans un lit de grand et plus dans un lit à barreaux, lisez-lui une histoire ou chantez-lui une chanson en restant allongé à côté de lui au lieu de l'avoir assis sur les genoux. Souvent, le simple fait de s'allonger peut l'aider à se rendre compte qu'il est fatigué.

- Après la lecture, amenez-le à fermer les yeux pendant que vous chantez ou que vous le bordez. Même ce simple geste peut l'aider à se rendre compte de sa fatigue.

- Proposez à votre enfant de mettre une poupée ou sa peluche préférée au lit comme une partie intégrante de sa routine préparatoire au coucher.

- Enseignez à votre enfant les techniques de respiration profonde pendant que vous lisez ou que vous chantez. Une seule longue inspiration par le nez est suivie par l'expiration qui se fait par la bouche.

Embobiner en deux mots

→« Veux-tu commencer par mettre ton pyjama ou par te brosser les dents ? »

→« Veux-tu lire deux gros livres ou trois petits livres ce soir ? »

→« Veux-tu chanter une berceuse avec moi ou veux-tu que je chante toute seule ce soir ? »

→« Veux-tu lire des livres ou raconter des histoires ? »

Il dort, il dort, le chaton

Sur l'air de « Il court, il court le furet »

Il dort, il dort, le chaton,
Il ronronne dans son panier.

Il dort, il dort, mon enfant
Bien au chaud dans son petit lit.
Il va s'endormir très vite,
Et fera un gros dodo.

Il dort, il dort, le poisson,
Il roupille dans son bocal.
Il dort, il dort le moineau,
Il fait des rêves sur son fil.

Il dort, il dort --------- (nom de l'enfant),
Il a fait un gros câlin,
Il a fait des gros bisous,
Il a lu des belles histoires,
Et va faire de jolis rêves.
Bonne nuit !

Les jeux des parents

Racontons une histoire

De toute évidence, votre but n'est pas que votre enfant soit agité au moment d'aller se coucher. L'impliquer de façon active, mentalement ou physiquement, à ce moment de la journée n'est pas conseillé, à moins que vous souhaitiez vous battre pour qu'il s'endorme. Cependant, l'inviter à raconter une histoire avec vous peut amener à un moment de détente agréable.

N'attendez pas trop de choses de lui. Inventez une histoire en laissant des blancs à remplir pour lui faire croire qu'il dirige son récit. S'il se prend au jeu, laissez-le pousser l'histoire plus loin. Voici comment démarrer :

« Il était une fois un -------- qui s'appelait --------. Ce n'était pas un -------- comme les autres. Il était très -------- parce qu'il voulait --------. »

Et ainsi de suite…

Quand les enfants font de la résistance

Parfois, il suffit de dire bonne nuit, de fermer la porte et de le laisser trouver seul le sommeil. Si vous n'en pouvez plus, entrez et expliquez à votre enfant qu'il est temps de dormir, qu'il doit arrêter de vous appeler en criant et que vous ne reviendrez pas le voir. Demandez-lui s'il veut un autre bisou ou un autre câlin et bordez-le une dernière fois. Ensuite, sortez de sa chambre, même s'il hurle.

Si votre enfant persiste à dire qu'il n'arrive pas à dormir, promettez-lui que le marchand de sable va venir le trouver s'il s'installe comme il faut.

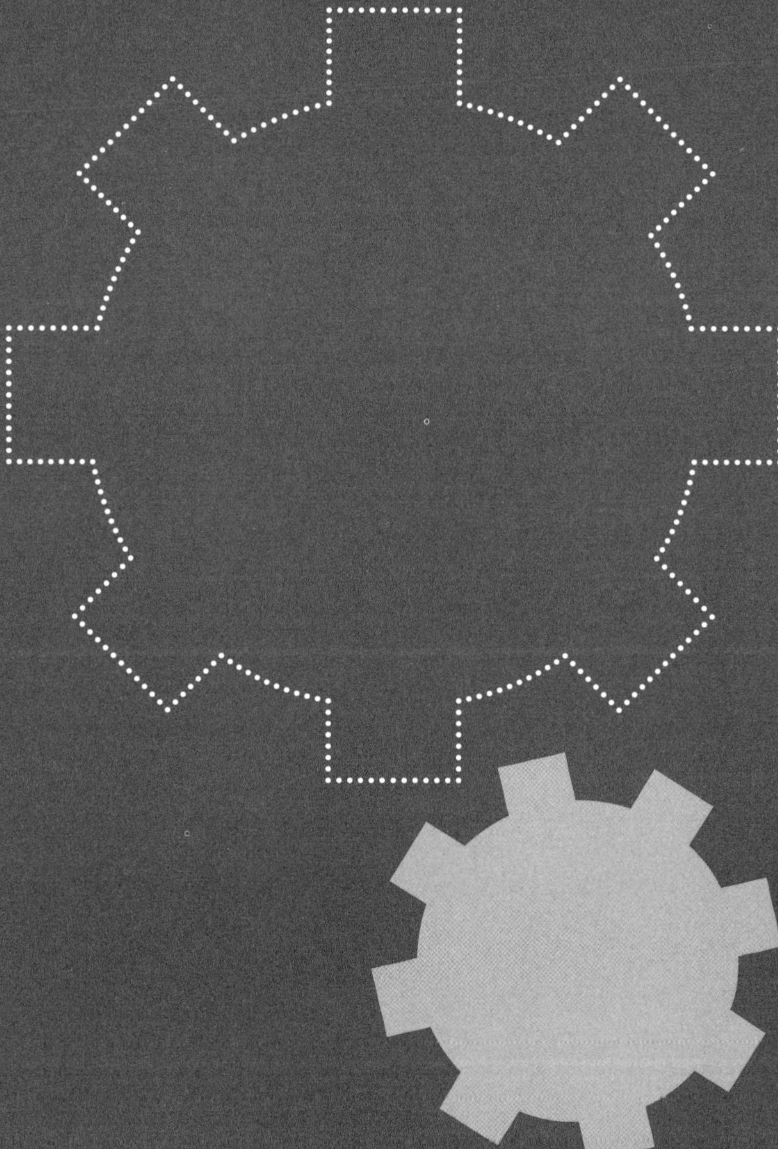

ANNEXES

Les pages qui suivent proposent des exemples utiles de tableaux et de certificats que vous pouvez utiliser en essayant d'appliquer les ruses à la vie de votre enfant. Vous pouvez librement photocopier ces pages et vous servir des tableaux présentés (vous pouvez faire un agrandissement à 200 %). Cependant, si vous avez le temps, créez votre propre tableau avec votre enfant. Cela lui permettra de s'investir dans le processus. Chaque semaine, notez ce qu'a fait votre enfant de son plein gré et sans pression et remettez-lui une récompense quand il a accompli un certain nombre de choses.

Les préparatifs du coucher

	LUNDI	MARDI	MERCREDI
Pyjama			
Se brosser les dents			
Aller aux toilettes			
Se laver les mains			
Se laver le visage			
Lire des livres			

de..............................

JEUDI	VENDREDI	SAMEDI	DIMANCHE

Les mots magiques de ....

	LUNDI	MARDI	MERCREDI
Bonjour			
Merci			
S'il te plait			
Excuse-moi			
Est-ce que je peux aller aux toilettes ?			
Je suis desolé			

JEUDI	VENDREDI	SAMEDI	DIMANCHE

Les tâches ménagères de......

	LUNDI	MARDI	MERCREDI
Ranger la chambre			
Faire le lit			
Ranger les jouets			
Faire la vaisselle			
Mettre la table			
Descendre les poubelles			

JEUDI	VENDREDI	SAMEDI	DIMANCHE

Certificat d'héroïsme

Ce certificat certifie que

A fait quelque chose de très bien.

En particulier que

Et est officiellement déclaré être un HEROS.

Cordialement, Maman/ papa

-------------------- --------------------

Certificat d'héroïsme

Ce certificat certifie que

A fait quelque chose de très bien.

En particulier que

Et est officiellement déclaré être un HEROS.

Cordialement, Maman/ papa

-------------------- --------------------

À PROPOS DES AUTEURS

David Borgenicht est écrivain et éditeur, le père de deux enfants beaux mais particulièrement astucieux et malicieux, Sophie et Max. Il vit en Pennsylvanie avec eux et sa co-conspiratrice et épouse, Suzanne.

James Grace est avocat et enseignant. Il vit dans le Massachusetts avec sa femme, Lisa et leurs trois enfants rusés, Avery, Cooper et Dustin.

Imprimé en Italie par Rotolito Lombarda
Dépôt légal : Mars 2010
ISBN : 978-2-501-06381-4
4078861/02